FR

Hanns U. Christen/Rudolf Suter
unter Mitarbeit von
Ferdi Afflerbach, Karl Banholzer, Roman Peter

Fotos von
Kurt Wyss

Fasnacht – sälbergmacht

Friedrich Reinhardt Verlag Basel

Buchgestaltung: Ruedi Reinhardt, Basel

CIP-Kurztitelaufnahme der Deutschen Bibliothek

Christen, Hanns U.:
Fasnacht – sälbergmacht / Hanns U. Christen ;
Rudolf Suter. Alle Fotos von Kurt Wyss.
Unter Mitarb. von Roman Peter ... –
Basel : F. Reinhardt, 1987.
ISBN 3-7245-0604-X

NE: Suter, Rudolf:; Wyss, Kurt:

Printed in Switzerland by Reinhardt Druck Basel
ISBN 3-7245-0604-X

Inhalt

Vorwort

Die Basler Fasnacht ist schön. Am schönsten ist sie, wenn man selber mitmacht. Gäbe es sonst so viele Leute in Basel, für die Fasnacht-Machen das Schönste im ganzen Jahr ist, oder wenigstens fast das Schönste?

Am allerschönsten ist die Fasnacht aber, wenn man auch alles selbermacht, was man für die Fasnacht braucht. Das war in den Anfängen der Fasnacht selbstverständlich. Man baute selber, was möglich war. Handwerkern gab man nur das in Auftrag, was das Können des Fasnächtlers überschritt: Wagen, komplizierte Requisiten und so. Manchmal auch die Laternen. Es durfte ja nicht viel kosten, wenn man Fasnacht machte. Die guten Fasnächtler waren fast alle einfache Leute mit bescheidenem Geldbeutel. Reiche machten an der Fasnacht zwar auch mit – aber meistens nicht als Fasnächtler, sondern als Sujets. Oder sie traten als Gegner der Fasnacht auf. Leuchtende Beispiele davon finden sich im Jubiläumsbuch der Vereinigten Kleinbasler, das zu deren hundertjährigem Bestehen erschien. Man staunt, wenn man's liest.

Je schöner und perfekter die Fasnacht wurde, desto mehr wurde sie aber in die Hände von Spezialisten gelegt, die einfach alles lieferten, was eine Clique braucht. Manchmal sogar die Idee fürs Sujet. Es wurde mit der Zeit nahezu die Ausnahme, wenn Fasnächtler selber Hand anlegten. Wer sich's leisten konnte, übergab das den Spezialisten. Es ist klar, dass grosse Cliquen nicht selber ihre Kostüme basteln können – die kämen allzu verschiedenartig heraus. Dann sind da ja auch die behördlichen Vorschriften, die vor allem der Sicherheit der Fasnächtler und der Zuschauer dienen (wenigstens in der Theorie...). Das Selber-Basteln wurde den Kinderzüglein überlassen, und nur ein paar besonders gute Fasnächtler bauten sich ihren Bedarf noch selber und waren besonders stolz darauf.

Immer mehr aber finden nun die Leute Vergnügen daran, sich ihren Fasnachts-Bedarf selber zu machen. Sie merken, wie schön und lustig es ist, wenn man seine Larve selber baut, das Kostüm selber näht (oder wenigstens abändert) und sich seine Perücke ganz allein konstruiert. Immer mehr Fasnächtler machen sich auch eine Ehre und ein Vergnügen daraus, die ganze Ausrüstung einer Clique selber zu bauen. Natürlich sind das keine Riesencliquen – es sind Minicliqueli. Aber eben: alles ist selbergemacht. Manche können's schon. Andere aber möchten es gern auch so halten, nur wissen sie nicht: wie macht man das?

Es herrscht ganz sicher kein Mangel an Büchern. Allein über Basel gibt es ganze Bücherkästen voll Literatur. Was aber bisher gefehlt hat, ist: ein Buch mit «do-it-yourself» für die Fasnacht. Ein Buch, das seinen Lesern zeigt, was man an Material braucht, wo man's bekommt, was man damit macht, was man nicht machen darf und was man machen soll. Ein Buch mit praktischen Anleitungen für «Fasnacht – selbstgemacht».

So ein Buch gibt es nun. Sie halten es in der Hand. Es heisst sinngemäss «Fasnacht sälbergmacht».

Es soll Ihnen helfen, wenn Sie selber ans Werk gehen wollen. Es soll Sie vor Misslingen bewahren und Ihnen Tips fürs Gelingen geben.

So ein Buch unterscheidet sich aber gründlich von einer Anrühr-Sauce. Es genügt nämlich nicht, dass Sie den Inhalt genau nach Gebrauchsanweisung in die Tat umsetzen – und schon ist das fertige Produkt in zufriedenstellender Qualität da. Nein. Wenn Sie sich entschlossen haben, Fasnacht «sälbergmacht» zu geniessen, so brauchen Sie dazu eine gewisse Erfahrung in den Handwerken, die dazu notwendig sind. Sie müssen wissen, wie man mit Nadel und Faden umgeht – wie man Schrauben eindreht – wie man etwas anmalt – undsoweiter. Wenn Sie das nicht selber können, so finden Sie sicher jemanden, der/die/das Ihnen hilft. Fasnacht ist ja ein Gemeinschaftswerk – von ganz wenigen Ausnahmen abgesehen.

Sie brauchen aber noch etwas ganz Wichtiges: Phantasie. Die Basler Fasnacht lebt ja davon, dass sie ungeheuer schöpferisch ist. Sie kennt ein paar ganz strenge Regeln. Der Rest aber ist überbordende, grenzenlose, herrlich schöpferische Phantasie.

Auch wenn Sie selber nicht so viel Phantasie haben, wie Sie gern hätten – lassen Sie sich dadurch nicht abschrecken von «Fasnacht sälbergmacht». Auch Phantasie kann nämlich ein Gemeinschaftswerk sein. Setzen Sie sich mit Ihren Freunden zusammen und hecheln Sie Ihre Ideen durch. Sie werden mit Erstaunen merken: dabei kommt gar nicht wenig Neues und oft sehr Gutes heraus! Wenn Sie schon zu einer kleinen Clique gehören, ist das Zusammensitzen ja selbstverständlich. Man nennt das «Cliquen-Sitzung», und da geht's manchmal zu, als gälte es, eine neue Welt zu erschaffen. Es soll ganz bekannte Cliquen geben, bei denen sind die Cliquen-Sitzungen sogar das Beste. Es soll auch schon Cliquen gegeben haben, die waren bei Beginn der Cliquen-Sitzung eine einzige Clique, und am Ende der Sitzung waren es dann zwei Cliquen. Doch das sei hier nur so nebenbei erwähnt. Damit Sie nicht meinen, bei der Fasnacht ginge es immer so diszipliniert und harmonisch und fehlerlos und freundschaftlich zu wie am Monster...

So ein Buch wie «Fasnacht – sälbergmacht» kann natürlich nicht alles enthalten. Es muss sich auf Wichtiges beschränken. Sonst wären vermutlich auch vier Bände Lexikonformat auf Dünndruckpapier nicht ausreichend. Manches Problem oder Problemlein wird bei Ihnen während der Arbeit auftauchen. Wenn Sie's nicht selber lösen können – es gibt gewiss Leute, die Ihnen helfen werden. Fachleute so gut wie Fasnächtler, die ja immer gern bereit sind, ihre Erfahrungen zur Verfügung zu stellen, wenn's um etwas so Wunderschönes geht wie die Basler Fasnacht. Seien Sie nicht schüchtern – fragen Sie solche Leute, wenn Sie selber nicht ganz drauskommen. Es gibt wohl niemanden in Basel, der so eine Auskunft verweigert.

Das wäre so die Gebrauchsanweisung für dieses Buch voll Gebrauchsanweisungen.

Viel Vergnügen für Ihre Fasnacht sälbergmacht!

Hanns U. Christen
unter Mitarbeit von Roman Peter

Das Schönste an der Fasnacht: die Larve!

Basels klassische Larve: kaschiert aus Papier

Eine Basler Fasnacht ohne Larve – das gibt es nicht. Deshalb ist die Larve das Allerwichtigste, aber auch das Allerschönste zum Selbermachen.

Es gibt unzählige Möglichkeiten, eine Larve zu bauen. Ein paar von ihnen werden wir beschreiben. Was alle Larven gemeinsam haben, ist: sie müssen das Gesicht völlig verdecken. Wer unter einer Larve steckt, darf man nie und nimmer erkennen können. Ausserdem müssen Larven bequem zu tragen sein. Sie müssen wasserfest sein, aussen und innen. Sie müssen einiges aushalten können. Dafür gibt es bewährte Techniken. Vor allem aber müssen Larven originell sein. Das verlangt eine gewisse Kreativität beim Entwurf. Man sieht: eine Basler Larve ist eine enge Verbindung von Phantasie und Handarbeit. Phantasie können wir Ihnen nicht beibringen – die müssen Sie selber entwickeln, oder sich dabei von jemandem helfen lassen, die/der Phantasie hat. Für das Handwerkliche aber geben wir Anleitungen.

Fangen wir an bei einer typisch baslerischen Larve aus kaschiertem Papier. Der allergrösste Teil aller Larven an der Fasnacht wird nach diesem Verfahren hergestellt. Es benötigt sehr wenige Materialien, seine Technik ist nicht schwer zu lernen – aber was man in grosser Menge braucht, ist Geduld! Eine solche Papierlarve lässt sich nicht in ein paar Stunden kurz vor der Fasnacht improvisieren.

Zunächst müssen Sie eine Vorlage haben. Das kann ein Phantasiegesicht sein oder eine der typischen Fasnachtsfiguren wie Waggis, Alti Dante, Bajass oder so. Sie können aber auch eine Larve machen, die irgend einem Menschen gleicht (beziehungsweise sein Gesicht karikiert). Wenn Sie eine solche Portraitlarve bauen wollen, brauchen Sie gute Bilder des betreffenden Opfers.

Die finden Sie reichlich in Zeitschriften und Zeitungen. Am besten ist's, wenn Sie ein paar Bilder sammeln, die ihr Opfer von verschiedenen Seiten zeigen. Wenn Sie ein gutes Formgedächtnis haben, reicht's auch, wenn Sie Ihr Modell am Fernsehen oder in Natur beobachten.

Sehr nützlich ist es, wenn Sie Karikaturen Ihres Opfers sammeln. Karikaturisten pflegen die wichtigsten äusseren Eigenschaften eines Menschen in ihren Zeichnungen betont auszudrücken. Das gibt Ihnen Fingerzeige.

Was braucht man zum Larvenmachen?

Die klassische Larve aus kaschiertem Papier benötigt folgende Rohstoffe:

Ton, etwas grösser als die geplante Larve, feucht und gut formbar. Zu haben in Fachgeschäften für Künstlerbedarf und (billiger!) in einer Ziegelei.
Gips, am besten feiner Modellgips, 5–10 Kilo. Zu haben in Malergeschäften oder in einem Laden für Baumaterial.
Larvenpapier, zu haben in Fachgeschäften für Künstlerbedarf. Sie brauchen davon zwei Bogen helleres und einen Bogen dunkleres von derselben Qualität.
Leim, am besten ist Tapetenleim für schwerere Tapeten. Zu haben im Fachgeschäft.
Larvenlack (Schellack), vom Fachgeschäft für Farben.
Vaseline, farblos und nicht parfümiert. Zu haben in der Drogerie und in Geschäften für technischen Bedarf. Vaseline hält sich unbegrenzt.
Plastikplatte, mindestens 50 auf 50 cm, poliert.
Spachtel mit Holzgriff, mindestens 3 cm breit, aus elastischem Stahl.
Filzschreiber, mit dem man auf Plastik zeichnen kann.
Bleistift Nr. 2.
Schüssel aus Plastik zum Anmachen des Gipses.
Küchenpapier zum Reinigen der Hände und Werkzeuge.
Plastiktüten.
Schere, kurz und scharf, die Karton schneiden kann.
Tisch, solid, standfest und unempfindlich.
Zeitungen zum Unterlegen.
Pinsel – einer für Kleister, einer für Lack.
Zahnstocher aus Holz.

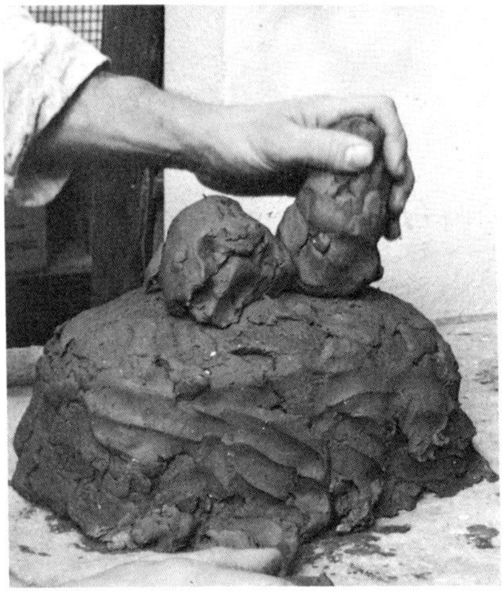

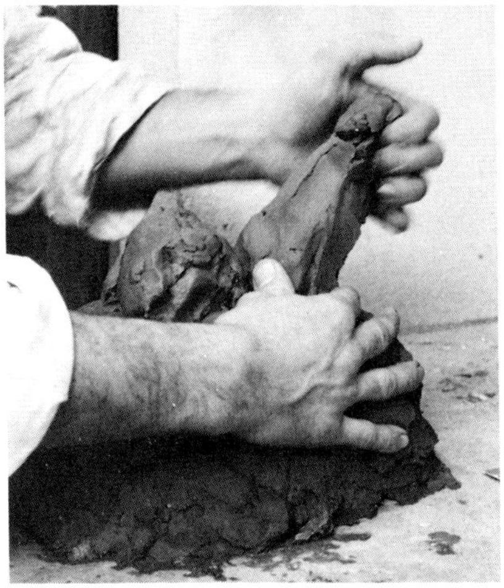

Aus dem unförmigen Tonblock modelliert man mit den Fingern das Gesicht für die Larve. Am besten mit den grössten Details beginnen – hier also mit der Nase. Bei der Arbeit die Hände gelegentlich reinigen. Mit feuchten Fingern modelliert sich's am besten.

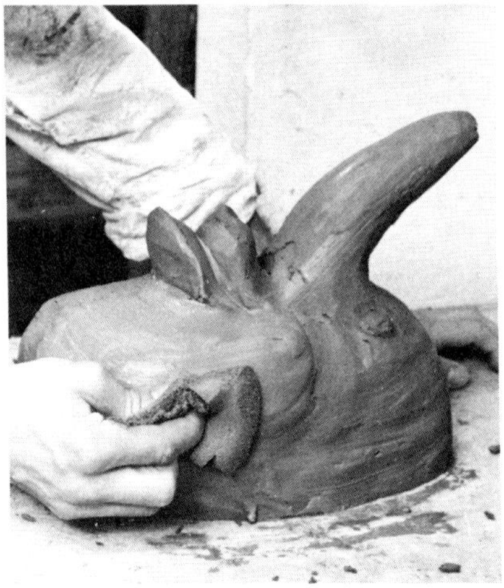

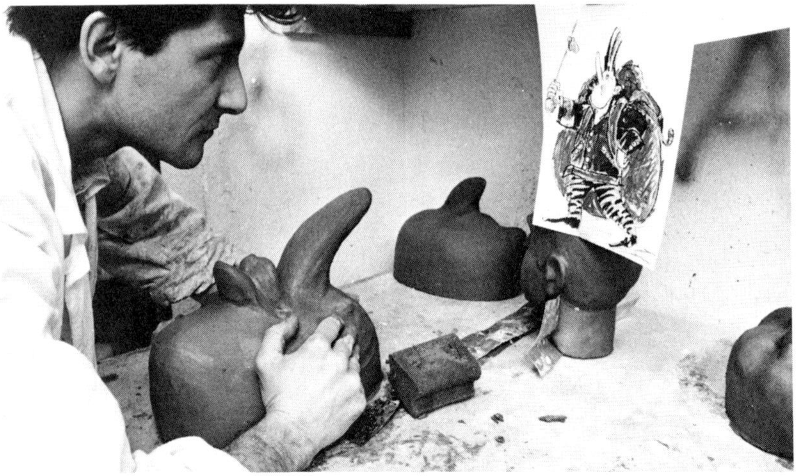

Mehlsieb – am besten ein Rüttelsieb, wie man's beim Backen braucht.
Brennsprit.
Kunstharzlack, glänzend, vom Farbengeschäft.

Das Tonmodell macht den Anfang

Nun geht's an die Arbeit! Belegen Sie den Tisch mit alten Zeitungen. Das tun Sie übrigens vor jedem Arbeitsgang! Legen Sie vor sich die Plastikplatte. Die Platte reiben Sie hauchdünn mit Vaseline ein. Dann legen Sie den Tonblock darauf. Am besten geben Sie ihm schon die Form des Gesichts, das Sie modellieren möchten, aber nur ganz grob: ein Rechteck, ein Quadrat, oder was sonst Ihre Idee ist.

Nun schneiden Sie mit dem Spachtel die rohe Form der Larve aus dem Ton. Wichtig ist, dass Sie die Form gross genug machen – sie muss ja nachher auf Ihrem Gesicht Platz haben.

Aus dieser groben Form modellieren Sie mit den Fingern das Gesicht Ihrer Larve. Wichtig ist: die Augenlöcher müssen dort sein, wo Ihre eigenen Augen durch die fertige Larve schauen werden. Auch die Distanz vom Kinn bis zur Nasenwurzel muss Ihren Massen entsprechen. Nur so wird Ihre Larve bequem zu tragen sein.

Modellieren Sie Ihre erste Form ohne überhängende Teile. Dann lässt sich die Gipsform gut vom Modell lösen, und die Larve dann vom Gips. Überhänge erfordern eine besondere Technik.

Modellieren Sie die Form möglichst ohne Unterbrechungen. Wenn Sie eine Pause machen müssen, so bedecken Sie den Ton mit einem feuchten Handtuch und einem Plastiksack. Der Ton darf nicht austrocknen, bevor das Modellieren vorbei ist!

Die Form aus Gips gebaut

Wenn Sie mit Modellieren fertig sind, so lassen Sie den Ton ganz leicht trocknen – eine Viertelstunde oder so. Dann reiben Sie ihn mit Vaseline ein. Putzen Sie mit Küchenpapier rings um das Modell die Plastikplatte sauber, auf der es liegt. Zeichnen Sie dann mit dem Filzschreiber im Abstand von ca. 3 cm rings um das Modell einen dicken Strich. Stecken Sie in den höchsten Punkt des Gesichts – meistens ist das die Nasenspitze – einen Zahnstocher. Auf ihm machen Sie mit dem Filzschreiber 2 cm über dem Ton einen Strich. Er dient als Marke beim Gipsen.

Nun kommt ein wichtiger Vorgang: Sie müssen von Ihrem Modell eine Hohlform machen. Dazu dient der Gips.

Gips ist ein Material in Pulverform, das hart wird, sobald man es mit Wasser vermischt. Das Härten geht ziemlich rasch vor sich. Die Hohlform müssen Sie deshalb in einem Zug herstellen.

Das richtige Mischungsverhältnis ist: auf 1 kg Gipspulver 1 Liter Wasser. Füllen Sie drum so viele Liter Wasser von normaler Hahnentemperatur in eine Schüssel, wie Sie Gipspulver haben. Sieben Sie den Gips durch ein engmaschiges Sieb ins Wasser – sehr gut eignet sich ein Rüttelsieb, wie man's beim Backen für das Mehl benützt. Arbeiten Sie rasch, aber ruhig. Bitte nicht im Gips rühren! Verteilen Sie den Gips mit dem Sieb über die ganze Oberfläche des Wassers. Wenn der Gips im ganzen Becken die Wasseroberfläche erreicht hat, hören Sie auf mit Gipszugeben. Der Gipsbrei ist jetzt noch sehr flüssig, aber er wird bald hart.

Lassen Sie den Gipsbrei ein paar Minuten in Ruhe. Dann nehmen Sie eine Probe davon auf den Spachtel und halten ihn schräg. Wenn der Brei wie Crème vom Spachtel läuft, ist er zum Weiterarbeiten bereit.

Tragen Sie nun den Gipsbrei mit den Händen auf das Tonmodell auf. Beginnen Sie unten, wo der Strich auf der Platte ist, und bauen Sie nach oben weiter. Das muss rasch geschehen, aber nicht hastig. Der Gips hat die Tendenz, nach unten zu fliessen – mit den Händen können Sie ihn daran hindern.

Bitte beachten Sie: auch die Hohlräume des Modells müssen gut mit Gipsbrei bedeckt werden; vor allem die Nasenlöcher.

Wenn das ganze Modell mit Gips bedeckt ist, kontrollieren Sie, ob die Marke am Zahnstocher nicht mehr zu sehen ist. Dann genügt die Dicke der Gipsschicht. Legen Sie oben noch etwas mehr Gipsbrei auf. Den schneiden Sie mit dem Spachtel flach. Wenn der Gips hart ist, können Sie die Hohlform dann auf diese ebene Stelle stellen. Das erleichtert die weitere Arbeit beträchtlich.

Lassen Sie nun alles eine Stunde lang stehen. Dann können Sie weiterarbeiten.

Lösen Sie mit dem Spachtel ganz vorsichtig den Rand, wo Ihr Werk auf der Plastikplatte steht. Legen Sie beide Hände links und rechts über die Gipsschicht und drehen Sie das ganze Werk etwas hin und her, um es von der Platte zu lösen. Vorsicht, bitte: der Ton kann trotz der Vaselineschicht an der Platte haften.

Das fertig modellierte und geglättete Tonmodell wird mit Vaseline oder (wie hier) mit Seifenwasser dünn eingestrichen. Seife oder Vaseline dienen als Trennschicht für den Gips.

Für überhängende Rundungen fertigt man aus dünnem Blech eine Trennwand an. Die beiden Bilder zeigen, wie man sie verwendet. Mit Hilfe der Trennwand macht man dann eine vordere und eine hintere Gipsform, die sich leicht vom Tonmodell lösen lassen.

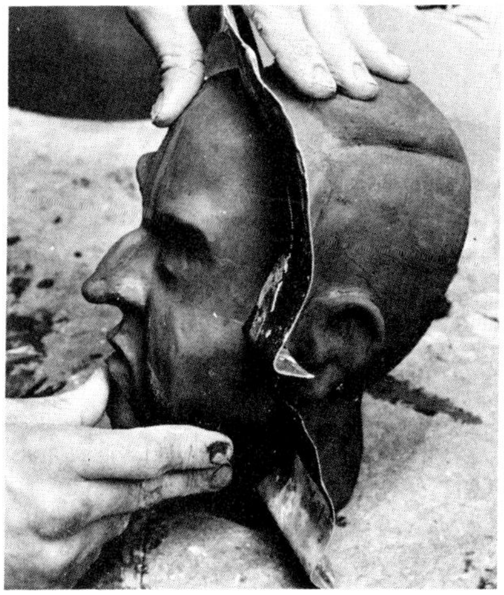

Sobald der angerührte Gips wie Crème vom Spachtel fliesst, ist er zum Verarbeiten bereit.

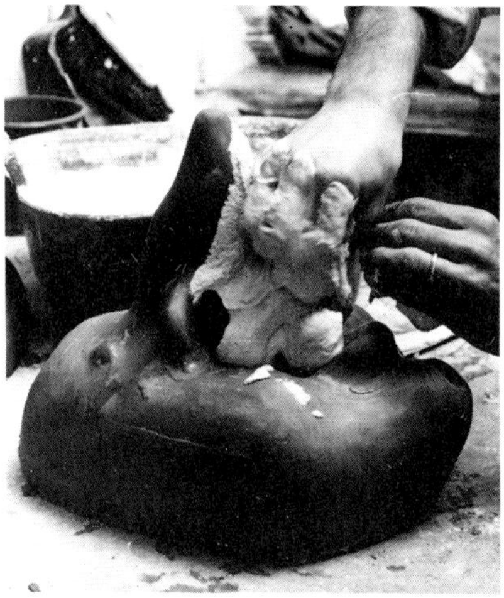

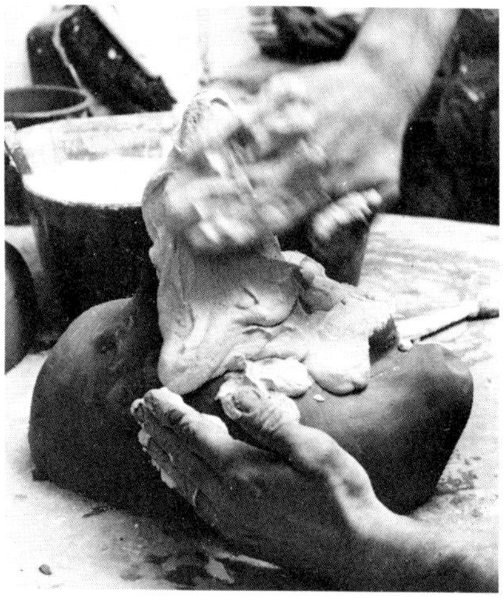

Eigentlich sollte man beim Auftragen des Gipsbreis unten beginnen. Weil die Larve recht komplizierte Formen aufweist, fängt der Larvenmacher auf unseren Bildern oben an – bei der Nase-Mund-Partie.
Der Gipsbrei muss zügig aufgetragen werden, weil er nicht lange weich bleibt. Beachten Sie: er muss das Modell dick genug bedecken!
Zu dünne Stellen brechen bei der weiteren Arbeit durch – und man muss von vorne anfangen.

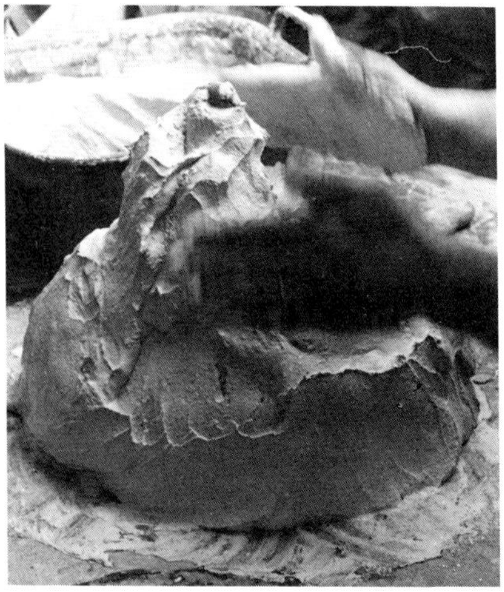

So sieht das mit Gips bedeckte Tonmodell aus. Jetzt eine Stunde ruhen lassen, damit der Gips antrocknen kann.

Wenn's beim erstenmal nicht geht, versuchen Sie es mehrmals. Irgendwann funktioniert es.

Drehen Sie dann Gips samt Ton um und stellen Sie Ihr Werk auf die Platte. Die ebene Stelle, die Sie in den Gips geschnitten haben, dient als Standfläche. Wenn Sie ein Gefäss von passender Grösse haben, können Sie das Ganze auch dort hineinstellen. Wichtig ist: es muss Halt haben!

Arbeiten Sie nun rasch weiter. Höhlen Sie mit den Fingern den nassen Ton von innen her aus. Bitte nicht zuviel. Der Ton muss in sich noch zusammenhalten, also darf er nicht zu dünn werden. Nun können Sie das ganze Tonmodell herausziehen. Der nasse Ton ist elastisch und macht's Ihnen leicht. Trotzdem ist das eine Arbeit, die Fingerspitzengefühl braucht. Entfernen Sie alle Gipsreste vom Ton und geben Sie ihn dann in einen Plastiksack. Sie können den Ton nämlich wieder verwenden. Im Plastik bleibt er feucht. Sollte er dennoch zu trocken werden, bis Sie ihn wieder verwenden, so legen Sie ihn eine Zeitlang in eine Schale mit Wasser. Er saugt davon auf, soviel er braucht.

Nun kommt eine Geduldsprobe. Die Hohlform aus Gips muss nämlich durch und durch trocken sein, bevor Sie weiterarbeiten.

Wenn Ihre Form richtig trocken ist, geht's weiter. Zunächst wird sie lackiert, um sie wasserdicht zu machen. Dazu verwenden Sie am besten den käuflichen Kunstharzlack. Streichen Sie ihn ins Innere der Form, aber auch über deren Kanten hinweg auf die Aussenseite. Auf der Lackbüchse steht, wie lange der Anstrich zum Trocknen braucht. Nach dieser Zeit lackieren Sie die Form zum zweitenmal. Am besten stellen Sie beidesmal die Form leicht schräg, damit es nicht an den tiefsten Stellen (Nase!) einen Lacksee gibt. Der trocknet nämlich erst nach Monaten richtig aus. Sorgen Sie also dafür, dass sich nirgends Lack staut.

Kaschieren ist keine Kunst – aber klebrig

Sobald der Lack gründlich getrocknet ist, kommt das Kaschieren. Dazu verwenden Sie das gekaufte Larvenpapier. Ebenso den Kleister, den Sie genau so anmachen, wie's auf der Packung vorgeschrieben ist. Wenn Sie etwas weniger Wasser nehmen, so dass der Kleister leicht dicker wird, schadet es nichts.

Bevor Sie mit Kaschieren beginnen, ist es gut, wenn Sie einen Test machen. Reissen Sie ein Stück vom helleren Papier ab und streichen Sie's mit Kleister ein – nur auf der Oberseite! Drücken

Sie ein gleich grosses Stück vom dunkleren Papier darauf, das Sie dann ebenfalls auf der Oberseite mit Kleister bestreichen – und darauf kommt dann nochmals ein Stück vom helleren Papier. Drücken Sie die Schichten beim Auflegen gut an, damit es keine Luftlöcher gibt. Lassen Sie das Teststück trocknen. Erst dann biegen Sie es etwas. Es soll noch leicht elastisch sein. Wenn es beim Biegen knistert oder bricht, haben Sie etwas falsch gemacht. Dann war der Kleister zu dünn oder zu dick. Probieren Sie's mit etwas mehr oder etwas weniger Wasserzusatz. Fangen Sie erst dann mit Kaschieren an, wenn das Teststück makellos ist – sonst ist die ganze Larve nichts wert.

Zum Kaschieren reissen Sie das Larvenpapier in Stücke von etwa A4-Grösse. Weichen Sie die Stücke, nach Farbe getrennt, in handwarmem Wasser ein. Das Papier soll weich werden, aber nicht sich im Wasser auflösen! Dann herausnehmen, abtropfen lassen und in Plastikfolie packen, damit es nicht trocknet.

Streichen Sie nun zuerst die lackierten Stellen der Form hauchdünn, aber lückenlos, mit Vaseline ein. Sie wirkt als Trennschicht und erleichtert das Herauslösen der Larve.

Nun nehmen Sie ein Blatt des hellen Papiers und legen es auf eine Schicht Zeitungspapier. Streichen Sie die Oberseite mit Kleister ein. Reissen Sie ein Stück Papier ab (nicht schneiden – reissen!) und legen Sie es in die Form dort, wo Sie beginnen wollen. Am besten an einer grösseren, einheitlichen Stelle. Kleisterseite nach oben! Drücken Sie das Papier so an, dass es nirgends Falten gibt. Wie man das macht, sehen Sie auf den Illustrationen. Bauen Sie aus abgerissenen Papierstücken die erste Schicht auf – lückenlos. Bei Rundungen müssen Sie das Papier etwas einreissen, damit es sich der Form richtig anschmiegt. Die einzelnen Papierstücke sollen sich überlappen, damit sie zusammenhalten. Wie man's macht, zeigen die Bilder auf den Seiten 24 und 25.

Sobald die erste Schicht fertig ist, nehmen Sie das dunklere Papier und bauen die zweite Schicht darüber – genau gleich. Weil das Papier dunkler ist, sehen Sie genau, wie es die erste Schicht deckt. Ist die zweite Schicht fertig, so legen Sie aus dem hellen Papier die dritte Schicht auf – genau gleich. Das müssen Sie alles in einem Arbeitsgang machen, damit der Kleister nicht stellenweise trocknet. Dort würden die Schichten nicht aufeinander haften. Sparen Sie nicht mit Kleister!

Wichtig: die drei Papierschichten müssen über den Rand der Form hinaus aufgebaut werden – mindestens 3 cm weit.

Wenn alle drei Schichten sauber verlegt sind, drücken Sie sie mit den Fingern oder dem Handballen nochmals gut aufeinander und in die Form.

Das in Stücke (ca. Format A4) gerissene Larvenpapier wird in handwarmem Wasser eingeweicht, nach Farben getrennt.

Das eingeweichte Papier wird abgetropft und auf der Oberseite mit Kleister eingestrichen. Am besten geht das mit der Hand. Verstreichen Sie den Kleister gleichmässig und nicht zu dick.

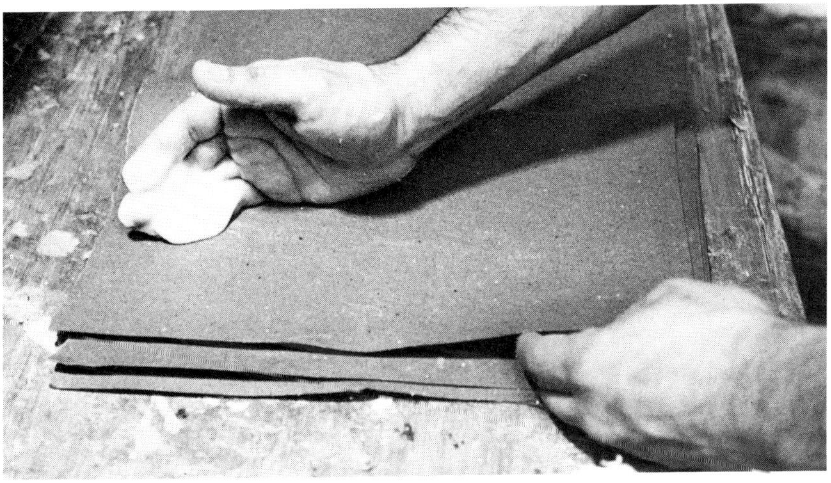

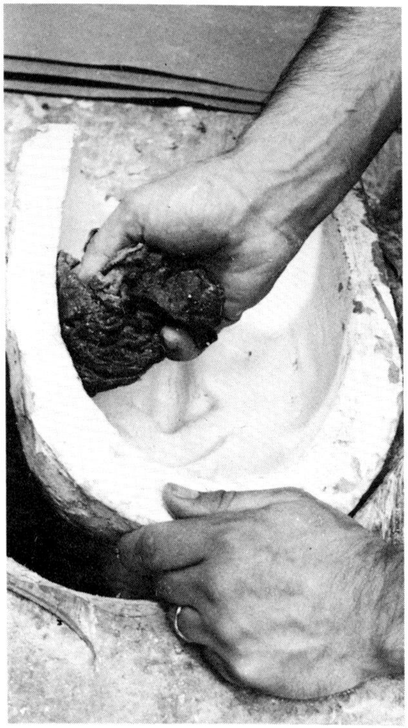

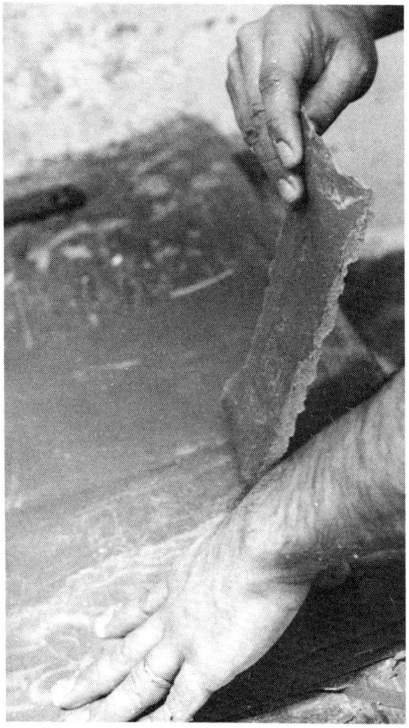

Die Gipsform ist bereits inwendig lakkiert, und der Lack ist völlig trocken. Jetzt reiben Sie die Innenseite hauchdünn mit Vaseline ein – lückenlos. Die Vaseline dient wiederum als Trennschicht.
Das mit Kleister bestrichene Larvenpapier wird in Stücke gerissen. Grund: so werden die Ränder dünn, und die Übergänge von Stück zu Stück sind fliessend.

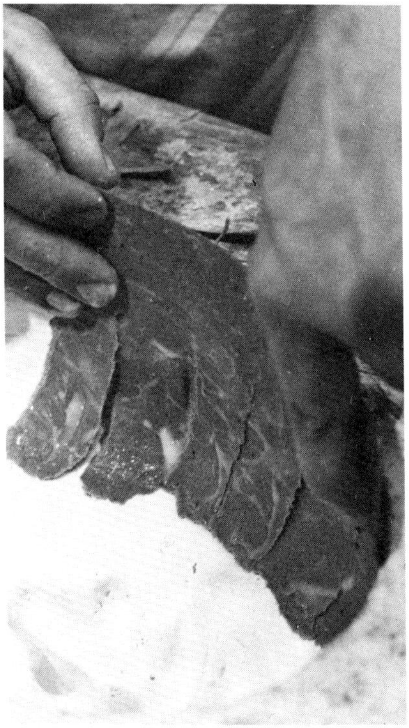

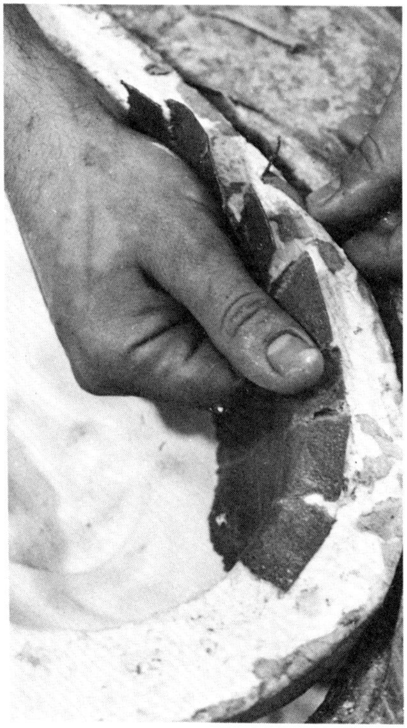

Für Rundungen reisst man mehrere schmale Streifen aus einem Stück. Sie schmiegen sich der Form an.
Der Rand der Form muss ebenfalls mit Papier kaschiert werden!
Beim Kaschieren sorgt man dafür, dass die Papierstücke überall ohne Luftblasen anliegen. Am besten geht das mit sanftem Fingerdruck.

Besonders vorsichtig muss man stark vorspringende Partien (Nase, Lippen, Augenbrauen) kaschieren. Hier darf die Larve nicht dünner werden als bei den grossen Flächen des Gesichts.

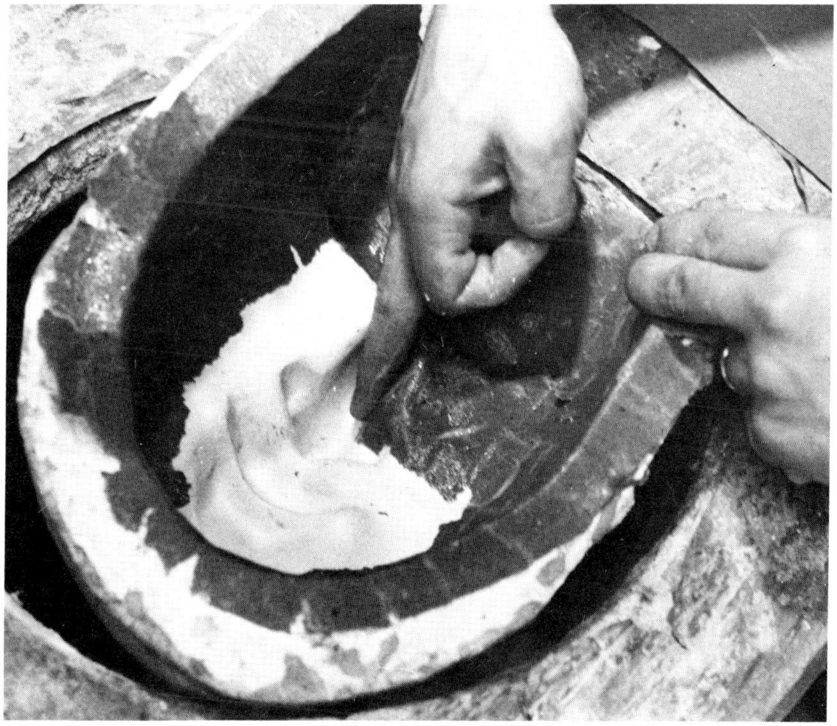

Sobald das Larvenpapier noch leicht feucht ist, wird die Larve sorgfältig und langsam von der Gipsform gelöst. Das ist Fingerspitzenarbeit!

So sieht die Larve im Rohzustand aus, wenn sie aus der Form kommt. Unsaubere Stellen müssen noch nachkaschiert werden.

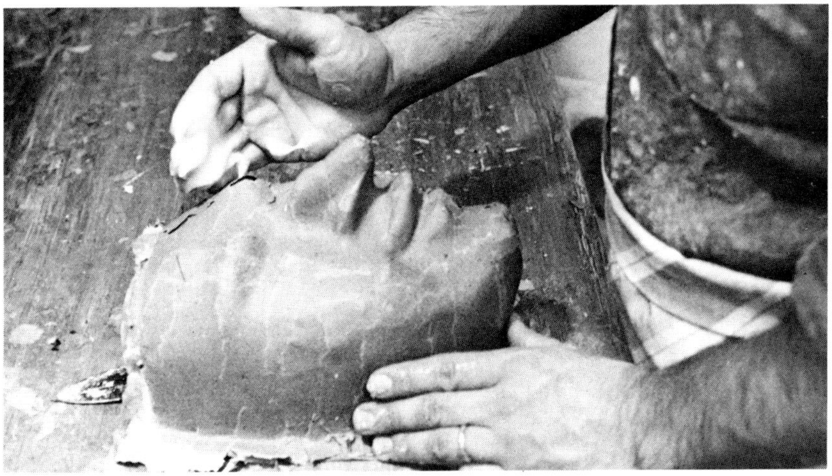

Nun brauchen Sie wieder Geduld. Die kaschierte Larve muss jetzt trocknen. Nicht knallhart – die oberste Schicht soll noch leicht feucht sein. Lösen Sie mit dem Spachtel die Larve vorsichtig am Rand von der Form und nehmen Sie sie ganz langsam, ohne Gewalt, heraus. Helfen Sie nötigenfalls ganz zart mit dem Spachtel nach. Das ist eine Arbeit, die Gefühl und Fingerspitzen erfordert.

Nun liegt die Larve im Rohzustand vor Ihnen. Entfernen Sie mit einem in Brennsprit getauchten Küchenpapier die Reste der Vaseline von der Larve. Nicht drücken, nur sanft wischen. Tun Sie das mehrmals, bis alle Vaseline entfernt ist. Dann erst überstreichen Sie die Aussenseite der Larve mit Kleister. Dabei können Sie etwa unsauber kaschierte Stellen mit kleinen Stücken von Larvenpapier (siehe oben) abdecken.

Nun muss die Larve wieder ausruhen – mindestens einen Tag lang, damit sie trocknen kann. Legen Sie die Larve sorgfältig auf die Plastikplatte. Sie darf sich nicht verziehen. Ist sie trocken, zeichnen Sie mit Bleistift die Linie auf die Larve, wo Sie dann die überflüssigen Papierstellen abschneiden möchten. Lackieren Sie die trockene Larve inwendig zweimal mit Larvenlack – genau nach dessen Gebrauchsanweisung. Lassen sie sie wieder trocknen. Nun liegt die Larve im Rohbau vor Ihnen. Was sie jetzt braucht, ist die Grundierung und dann die Bemalung. Wie das gemacht wird, lesen Sie im nächsten Abschnitt.

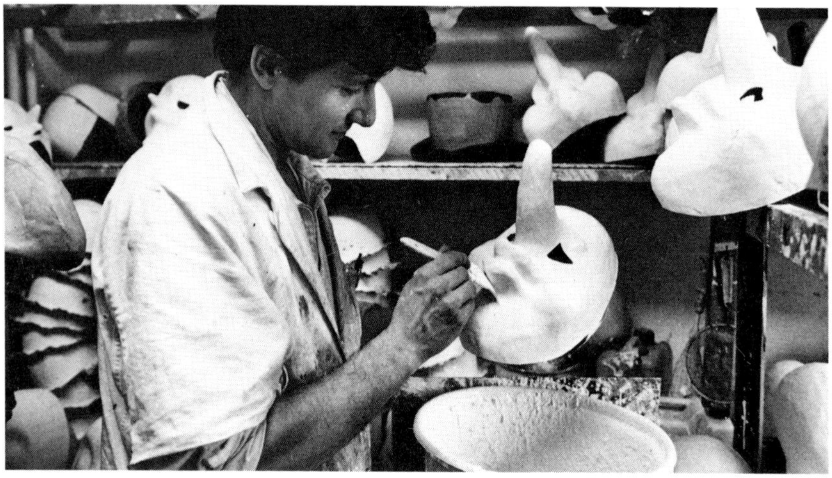

So geht man beim Grundieren der Larve vor. Ein Anstrich vor dem Anpassen, ein Anstrich danach. Nicht zu dick auftragen.

Wie's jetzt weitergeht: Grundieren und Anpassen

Die Grundierung der Larve gibt die Unterlage für die Bemalung. Am besten verwenden Sie dazu weisse «Aussen-Dispersion», weissen Acrylgrund oder Kreidegrund – zu haben im Farbengeschäft. Geben Sie damit der Larve einen Anstrich. Dann probieren Sie die Larve. Stechen Sie dort, wo Ihre Augen sein werden, mit einer Ahle je ein Loch in die Larve. Durch diese Löcher müssen Sie, wenn Sie geradeaus blicken, bequem und ohne Verrenken der Augen sehen können. Sehen Sie sich die Bilder gegenüber an, bevor Sie die Löcher stechen. Nach dem Probieren schneiden Sie die Augenlöcher so, wie Sie's geplant haben – rund, schlitzförmig oder sonstwie. Wichtig: die Löcher sollen nicht grösser sein als Ihre eigenen Augen, sonst sieht die Larve sehr unschön aus. Schneiden Sie dann auch die Öffnungen für den Mund und die Nasenlöcher aus. Jetzt müssen Sie die Larve nochmals anprobieren, damit Sie etwa noch notwendige Änderungen nun vornehmen können.

Nun kommt etwas Unentbehrliches: das Güpfi. Darunter versteht man eine Schale, die man über dem Scheitel trägt. An ihr ist die Larve befestigt. Man kann ein Güpfi fertig kaufen (Larvenatelier, Farbenladen) oder einen Schutzhelm aus Plastik verwenden. Das Güpfi muss mit der Larve verbunden werden, aber so, dass die Larve noch bewegt werden kann. Wie das geschieht, sehen Sie auf den Bildern.

Erst wenn die Grundierung trocken ist, probieren Sie die Larve an.

Die Augenlöcher der Larve werden mit Bleistift angezeichnet und dann vorsichtig ausgeschnitten. Am besten eignet sich dazu ein spitzes, sehr scharfes Messer, wie es zum Modellbauen verwendet wird.

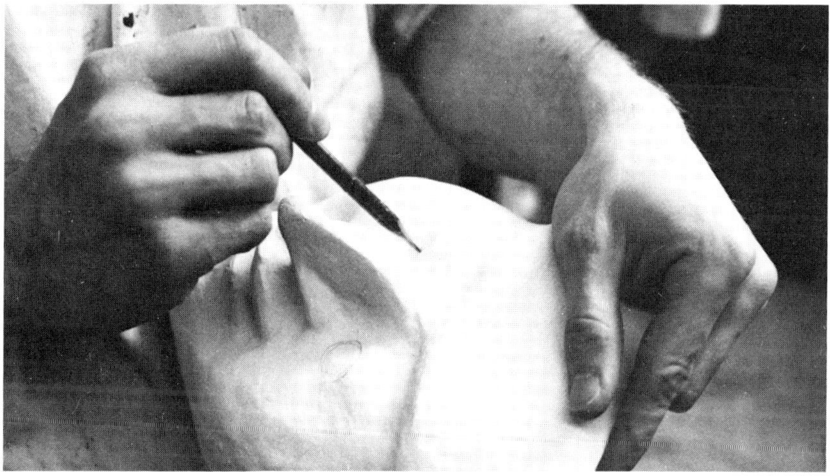

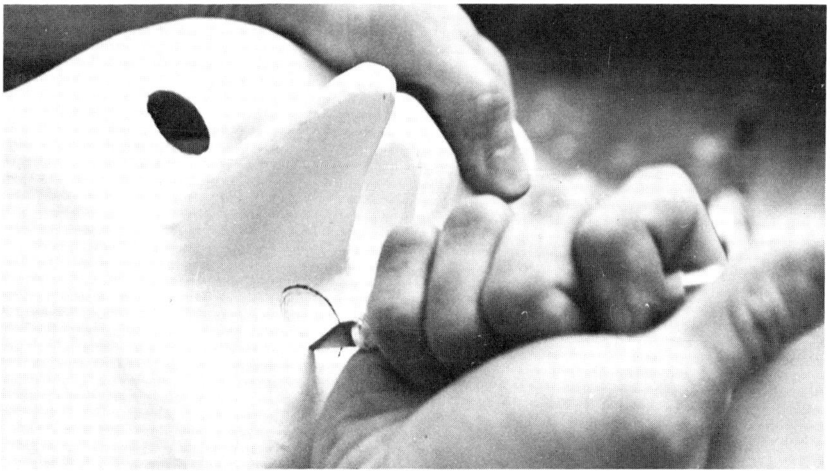

Das Güpfi ist das Fundament der Larve. Es muss bequem passen.

Ausschnitte für die Ohren zeichnet man nicht zu knapp an. Das Güpfi darf nicht einschneiden.
Die Haut bei den Ohren ist empfindlich.

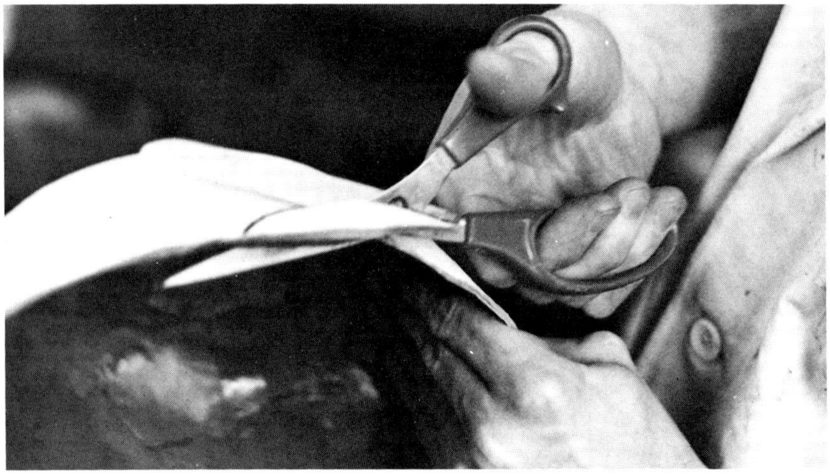

Zum Ausschneiden eignet sich eine Schere am besten. Verwenden Sie eine, die für das kräftige Material des Güpfi geeignet ist.

Ein Strich auf dem Güpfi über der Nasenwurzel dient als Orientierungshilfe beim Weiterarbeiten. Hier ist vorn Mitte!

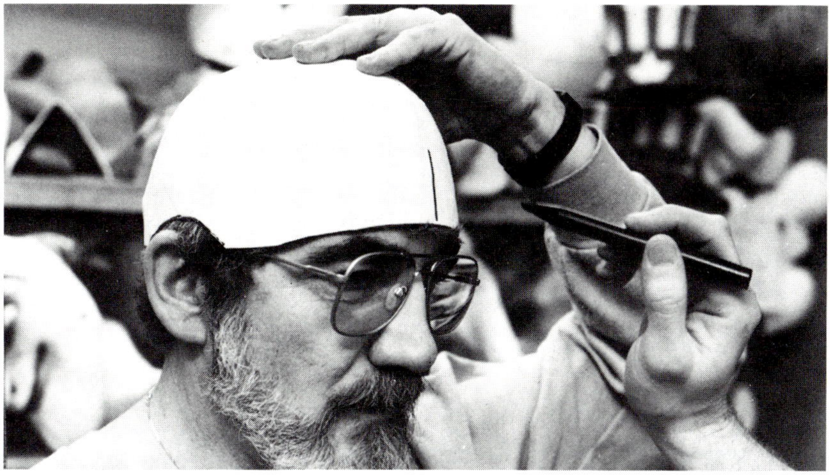

die Stel-
hinkom-

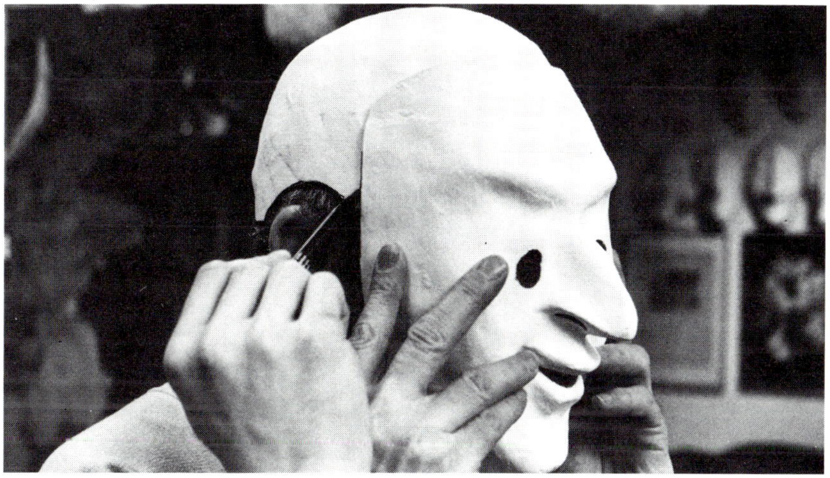

glich
Dazu

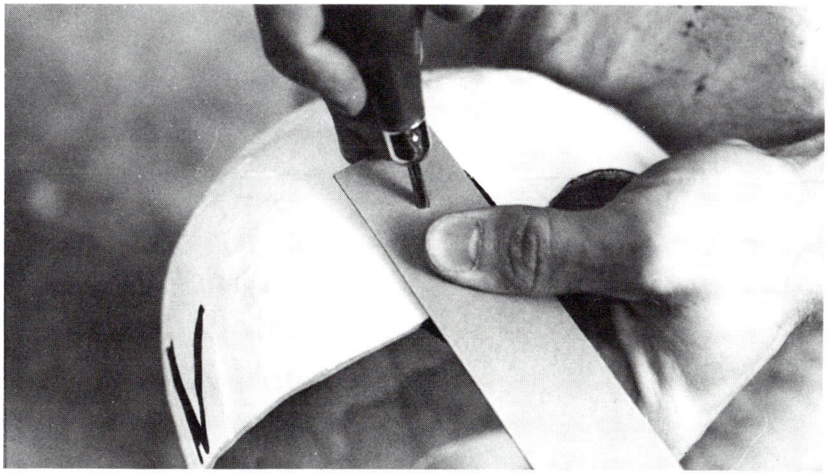

Beim Einschlagen der Nieten beachten: sie müssen ein leichtes Spiel haben, damit man die Larve bewegen kann.

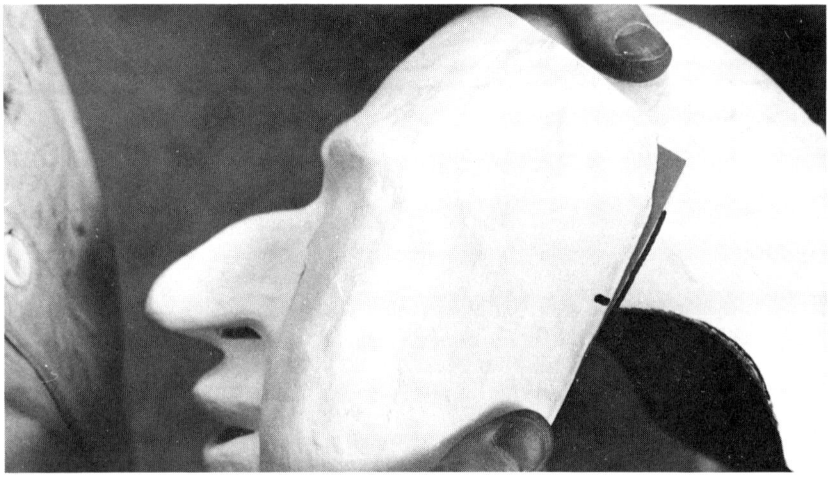

So stimmen die Markierungen an Larve und Güpfi miteinander überein. Sie werden beim Tragen von der Perücke bedeckt.

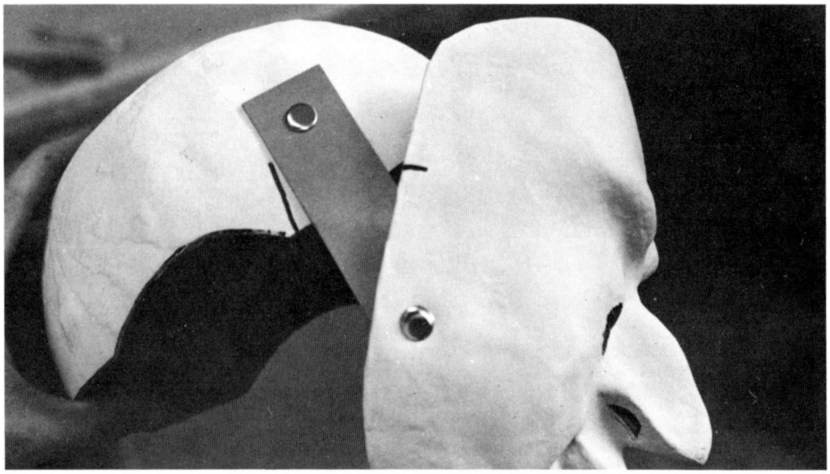

Güpfi und Larve richtig verbunden: solid, aber doch beweglich.

Die erste Anprobe von Güpfi und Larve. Tragen Sie beide ein paar Minuten lang und bewegen Sie sich während dieser Zeit – auch die Gesichts- und Halsmuskeln. So merken Sie, ob es noch störende Stellen an der Larve hat. Die schneiden Sie weg.

Larven für Pfyffer benötigen einen Mundausschnitt. Er muss so gross sein, dass man das Piccolo bequem ansetzen kann, und dass die Larve nicht auf die Lippen drückt. Probieren Sie das ein paar Minuten lang aus. Verrutschen Sie die Larve dabei, so weit sie das zulässt. Was nach dem Rutschen noch stört, schneiden Sie vorsichtig von der Larve weg.

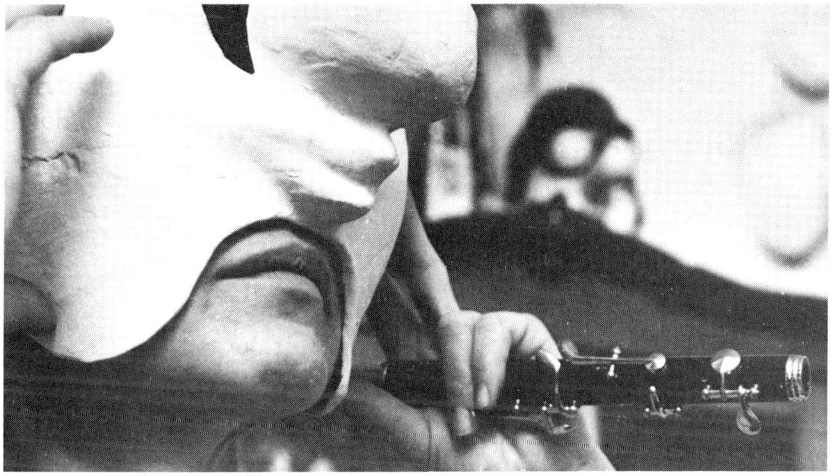

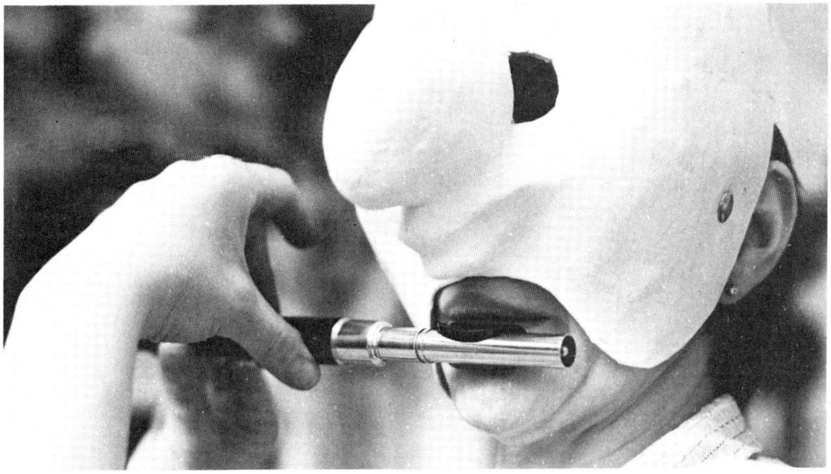

Farben machen die Larve lebendig

Passt die Larve, so wird sie noch einmal grundiert. Und wenn sie trocken ist, können Sie mit Malen beginnen.

Als Farben eignen sich: Aussen-Dispersion, Acrylfarben, Künstlerölfarben aus Tuben. Achten Sie darauf, dass die Gebrauchsanweisung auf der Packung steht. Bei Ölfarben benötigen Sie ein Malmittel. Wenn Sie sich da nicht auskennen, lassen Sie sich's im Laden genau erklären!

Zuerst verwenden Sie sehr stark verdünnte Farbe. Mit ihr zeichnen Sie vor: die Augen, den Mund, die wichtigen Gesichtszüge. Dann beginnen Sie mit dem eigentlichen Malen. Regel: mit den hellen Farben anfangen! Dann erst nehmen Sie dunklere Farben. Mit ihnen können Sie die Form der Larve betonen. Falten und Vertiefungen malen Sie etwas dunkler. Wenn Sie die Larve fertig bemalt haben, können Sie mit dunklerer Farbe noch Effekte herausholen. Die grössten Ausdrucksmöglichkeiten geben die Augen – wie im Leben. Ein Tip: wenn Sie eine Frau kennen, die Erfahrungen im Schminken (beziehungsweise im «Make-up») hat, fragen Sie die um Rat!

Bevor Sie weitermachen, muss die Farbe richtig trocken sein. Bei Dispersion und Acrylfarbe genügen einige Stunden. Für Ölfarbe müssen Sie 3–4 Tage rechnen. Tragen Sie Ölfarbe nicht zu dick auf und verwenden Sie das passende Malmittel – sonst dauert das Trocknen viel länger.

Ist die Farbe trocken, kommt das Lackieren an die Reihe. Es schliesst die Poren, die sonst rasch Staub und Schmutz aufnehmen, und gibt der Farbe mehr Leuchtkraft.

Am einfachsten geht's mit Spritzlack, den's im Farbengeschäft in Spraydosen gibt. Nehmen Sie farblosen, den Sie matt, mit Seidenglanz oder hochglänzend bekommen – je nach Art der Larve. Gehen Sie nie näher als 40 cm an die Larve heran beim Spritzen! Spritzen Sie nicht zu dick! Eine dünne Schicht Lack genügt vollauf. Sie können auch Lack in einer Büchse kaufen und ihn mit dem Pinsel auftragen, was noch viel besser ist.

Wenn Sie Lust dazu haben, können Sie die Larve dekorieren. Tun Sie das aber vor dem Lackieren! Dazu eignen sich Glimmer, Pailletten, buntes Papier, Glitzersteine – was immer Ihnen einfällt. Auch Wimpern, Augenbrauen, Bärte können Sie ankleben. Als Material verwenden Sie: Hanf, Sisal, Borsten von Bürsten, Haar, Fell – Ihrer Phantasie sind da keine Grenzen gesetzt.

Hier ein Rat: wenn Sie Probleme beim Larvenmachen haben, die Sie nicht allein lösen können, so wenden Sie sich um Rat an ein Larvenatelier! Aber tun Sie das nicht später als Weih-

Mit stark verdünnter Farbe zeichnen Sie – mit einem kleinen Pinsel – die wichtigsten Stellen auf die Larve: Augen, Lippen, starke Falten.
Beim Malen beginnt man mit den hellsten Farben. Was später dunkel werden soll – zum Beispiel der Bart – kann man bereits jetzt dunkel anzeichnen. Dann bekommt man beim Malen den richtigen Eindruck des Gesichts.

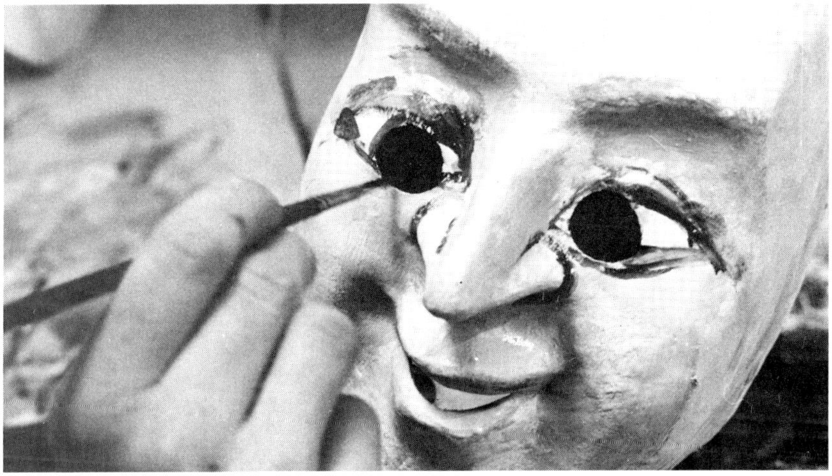

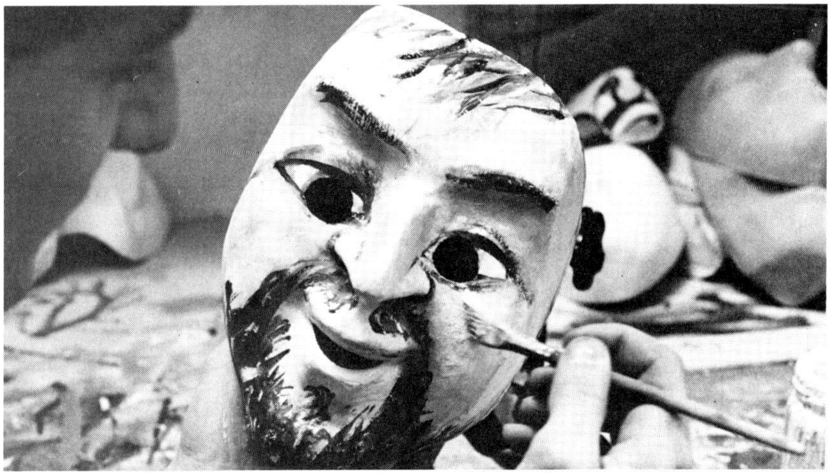

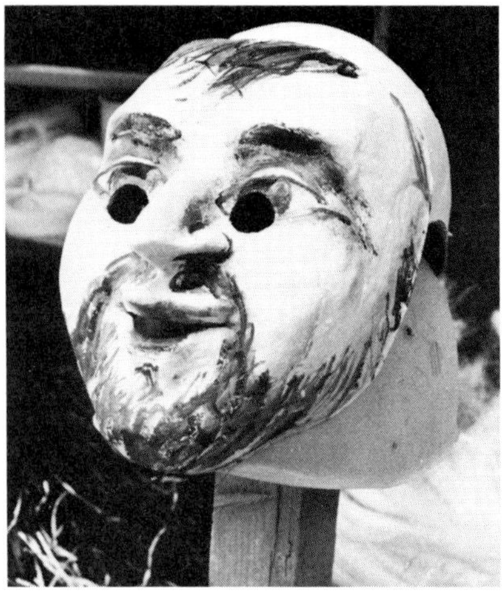
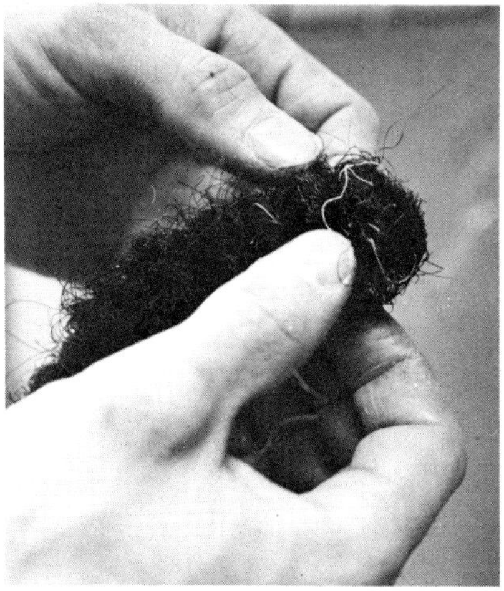

Um den Bart zu montieren, setzt man die Larve auf ein passendes Gestell. Der Bart kann aus irgendeinem haarähnlichen oder sonstwie geeigneten Material bestehen. Achten Sie darauf, dass Sie den richtigen Klebstoff bekommen – er muss auf Bart und Larve haften!

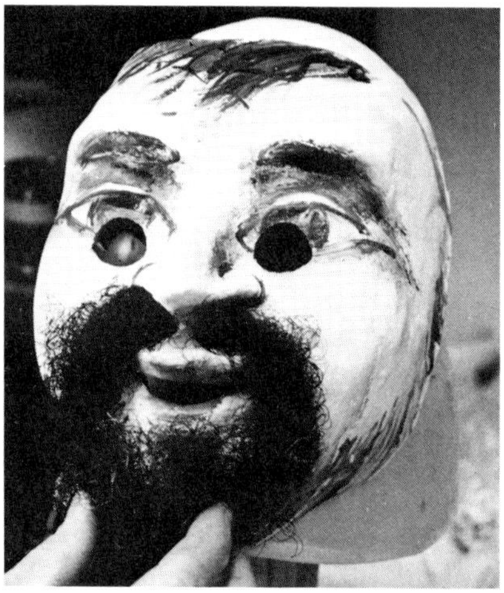

Zum Lackieren verwendet man farblosen Spritzlack oder Lack zum Streichen. Es gibt Spraydosen mit umweltfreundlichem Treibmittel.

nachten. Nachher herrscht in den Larvenateliers nämlich Betrieb wie in einem Ameisenhaufen, und niemand hat Zeit für Sie.

Was auch noch dazugehört: Perücken und Aufbauten

Zu jeder Larve gehört eine Perücke. Sie muss nicht nur die Larve ergänzen. Sie muss auch Ihren Hals decken. Hier schon ein lebenswichtiger Hinweis: Perücken müssen unbrennbar oder wenigstens schwer entflammbar sein! Die fertig gekauften sind das. Dafür sorgt der Kantonschemiker. Selbstgemachte Perücken müssen Sie mit Flammenschutzmittel behandeln. Das bekommen Sie im Farbengeschäft. Vergessen Sie's nicht! Eine unbehandelte Perücke fängt im Fasnachtsdurcheinander leicht Feuer, und was Ihnen dann geschieht...

Zum Selbermachen von Perücken eignen sich alle Materialien, die (wenn auch nur sehr entfernt...) wie Haare aussehen: Bast, Hanf, Sisal, Wolle, Stoff, Vorhangfransen zum Beispiel. Und anderes mehr. Am besten montieren Sie die Perücke Ihrer Wahl aufs Güpfi. Das geht mit Klebstoff, mit Draht oder mit Nähen. Machen Sie die «Haare» so lang, dass sie bis ans Kinn kommen. Dann decken sie hinten auch den Nacken. Und passen Sie beim Montieren darauf auf, dass sich Larve und Güpfi noch gegeneinander etwas bewegen lassen. Sonst können Sie die Larve weder an- noch ausziehen!

Perücken können Sie fixfertig im Warenhaus bekommen oder in anderen Geschäften mit fasnächtlichen Ambitionen: Larvenateliers, Coiffeurläden, Do-it-yourself-Geschäften.

Ob Sie zur Perücke einen Hut haben möchten, ist Ihre Sache. Wenn ja: er muss so gross sein, dass er auf die Perücke passt. Normale Hüte aus dem Hutladen sind immer zu klein. Es gibt aber spezielle Fasnachtshüte in Übergrössen. Man bekommt sie in Larvenateliers. Lustiger ist's, wenn Sie den Hut selbermachen. Aus Karton, aus Stoff zum Beispiel. Denken Sie daran, dass der Hut auch montiert werden kann! Und dass er beim Tragen bequem sein soll – nicht zu eng und nicht zu weit, und herunterfallen darf er auch nicht. Fragen Sie im Notfall einen Fasnächtler. Die meisten von ihnen haben Erfahrungen und kennen Tricks.

Ein paar Tips für die Perücken! Den Chignon für die Alti Dante kann man fertig kaufen oder aus langen Fäden passenden Materials selber flechten. Für die Rokokofrisur bekommt man die notwendigen Locken samt Schwänzchen im Larvenatelier oder beim Coiffeur. Waggisperücken macht man am besten aus

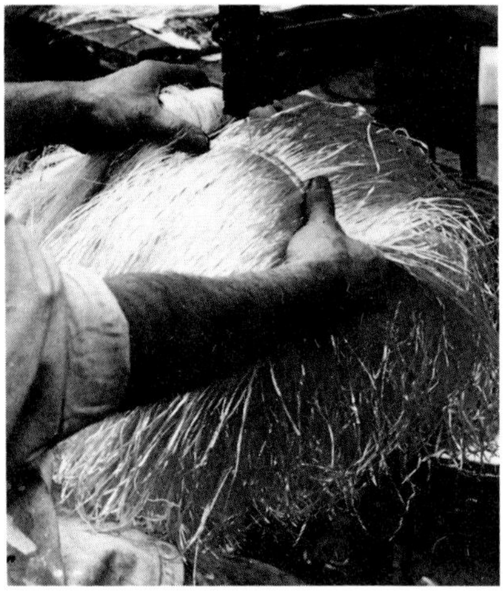

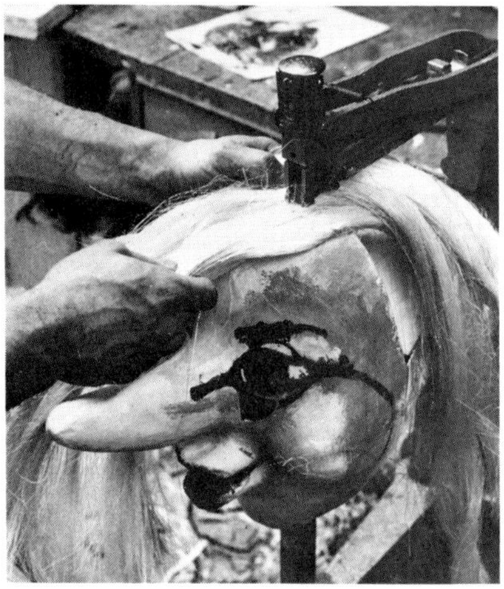

Am sichersten halten angenähte Perücken. Wer keine geeignete Nähmaschine besitzt, näht von Hand oder befestigt die Perücke auf andere Weise. Wichtig: sie muss sehr solid sitzen.

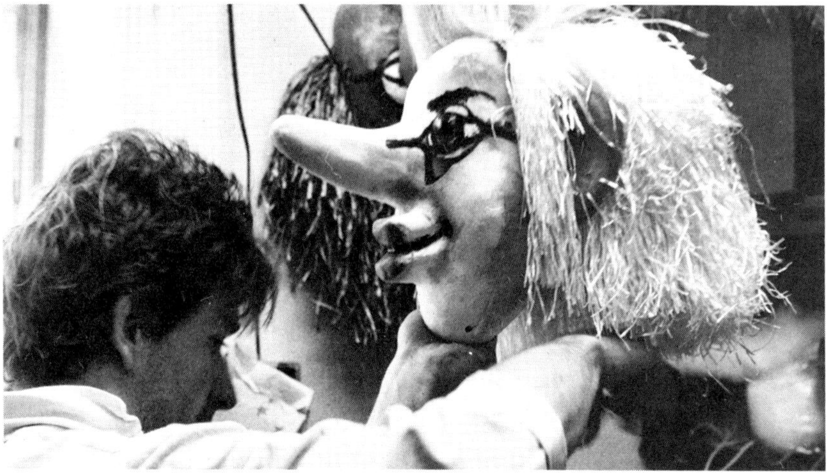

▶ Perücken können aus den verschiedensten Substanzen bestehen. Sogar Zeitungspapier ist möglich. Bitte darauf achten, dass es feuerhemmend imprägniert wird.

VOGEL GRYFF
Hotel Winkelried.
Servicetochter
5 Paar
Tulpen/Freesien-
Strauss
Cha-Cha-Cha
4 Dosen à 400 g

«Kränzen». Das sind käufliche Gebilde, die wie Honolulu-Schürzlein aussehen. Man klebt oder näht sie spiralförmig ans Güpfi. Wenn der Waggis eine Zipfelmütze bekommen soll, muss sie Übergrösse haben. Am besten ist's, man schaut sich vor Baubeginn Photographien von der letzten Fasnacht an (Photoladen). Das gibt einem Ideen. Bitte nicht einfach kopieren – Phantasie walten lassen!

Beliebt sind auch Larven mit Aufbauten. Prototyp: Kopflaternen. Für alle Aufbauten gilt: sie müssen so leicht sein wie möglich, sie müssen solid sein, sie müssen in Balance montiert sein. Als bestes Material kommt Styropor in Frage, das leicht und einfach zu bearbeiten ist. Auch aus Draht und Stoff kann man gute Aufbauten machen. Befestigen Sie die Aufbauten niemals an der Larve, sondern immer am Güpfi! Denken Sie beim Befestigen daran, dass Platz für die Perücke übrigbleiben muss. Am einfachsten geht's mit langen Metallschrauben und Muttern. Beachten Sie: wenn die Schrauben innen durch das Güpfi ragen, drücken sie auf Ihre Kopfhaut. Das tut weh. Polstern mit Watte oder Schaumgummi hilft ab.

Bevor Sie mit Basteln anfangen, sehen Sie sich die Bilder an. Lesen Sie die Unterschriften genau. Ein Bild sagt mehr als tausend Worte. Besonders beim Handwerken.

▶
Aufbauten lassen sich aus nahezu allen Materialien machen. Sie müssen leicht sein, sonst stören sie rasch beim Tragen. Sie müssen solid montiert werden, sonst rutschen sie, oder man verliert sie sogar.

Tea-Room Restaurant

Tambourmajore sind etwas Besonderes...

Tambourmajore haben grosse Köpfe. Meistens auch unter der Larve. Man baut ihre Larven in zwei Teilen. Erstens den Kopf. Zweitens den Hals.

Den Kopf eines Tambourmajors macht man am einfachsten aus Styropor. Man kann ihn auch aus Papier kaschieren. Das macht man in einem vereinfachten Verfahren: man modelliert den Kopf aus Ton, überzieht ihn mit Plastikfolie (aus dem Haushaltungsladen) als Trennschicht und kaschiert dann auf diese Folie. Oder man kaschiert auf einen Ballon (stark aufgeblasen, wie bei Tambourmajoren üblich...).

Den Hals fertigt man aus Karton an, oder man kauft (in einer Cartonagefabrik) ein Rohr passender Grösse. Daraus schneidet man Ausschnitte für die Schultern. Wie – das sehen Sie auf den Bildern. Brust und Rücken müssen bis zur halben Höhe bedeckt sein, sonst hält der Kopf nicht und kippt nach vorn oder hinten. Dann schneidet man Öffnungen für die Augen. Dann erst montiert man den Kopf darauf. Am schönsten sieht ein Tambourmajor aus, wenn er mit seinen Augen durch die Augen oder den Mund des Kopfes schauen kann. Das lässt sich aber nur bei kleinen Köpfen machen. Meistens muss er durch den Hals schauen. Die Augenöffnung am Hals tarnt man mit aufgeklebter Gaze, die bemalt wird wie der Hals selber.

Bitte nicht vergessen: der Tambourmajor muss seinen Kopf bequem tragen können! Er darf also nicht zu schwer sein. Und er muss stabil befestigt werden. Die Stabilität liegt im Hals, der auf Brust und Rücken aufsitzt. Lieber einen zweiten, besseren Hals bauen als den Tambourmajor mit einem Kopf loslassen, der kippt. Probieren geht hier über Draufloswursteln. Wenn's trotzdem nicht funktioniert, holt man sich Rat im Larvenatelier.

◄
Der Kopf eines Tambourmajors ist ein Riesending. Weil seine Augen viel höher liegen als die Augen dessen, der den Kopf trägt, werden die Augenlöcher in den Hals geschnitten. Hier sieht man ganz deutlich, wie das gemacht wurde.

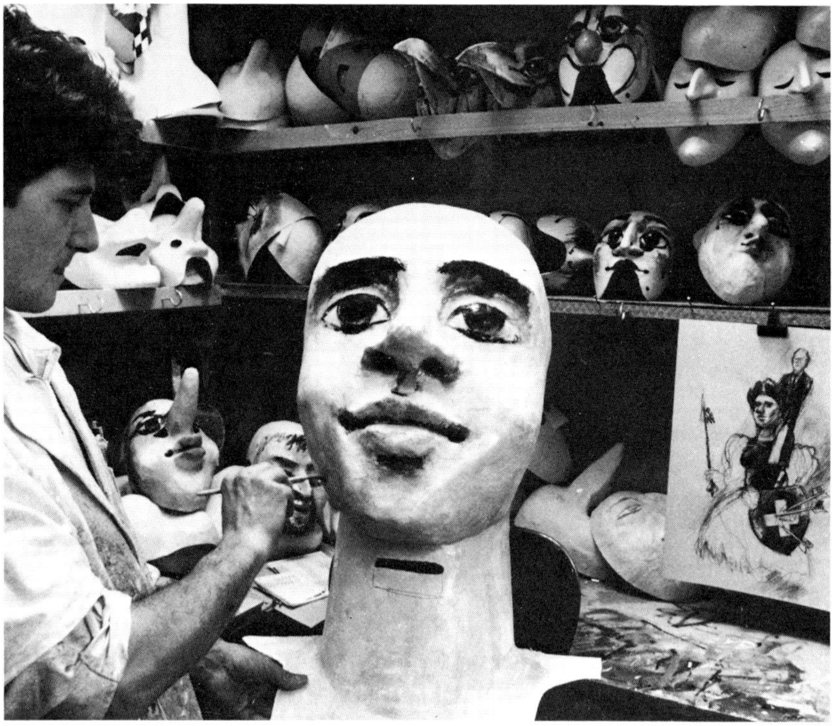

Der Kopf des Tambourmajors bekommt einen langen Hals. Der Schlitz für die Augen ist bereits eingeschnitten. Der Hals ruht auf einem Unterteil, das auf den Schultern des Trägers aufliegt.

Damit der Riesenkopf nicht nach irgendeiner Richtung kippen kann, bekommt er ein Fundament. Es muss die Last halten, auch beim langen Tragen und bei Bewegungen, und dennoch darf es nirgends drücken.

Die erste Anprobe muss man in Ruhe vornehmen. Der Tambourmajor soll sich dabei bewegen und sagen, wo's drückt. Jetzt kann man störende Stellen noch gut beseitigen.

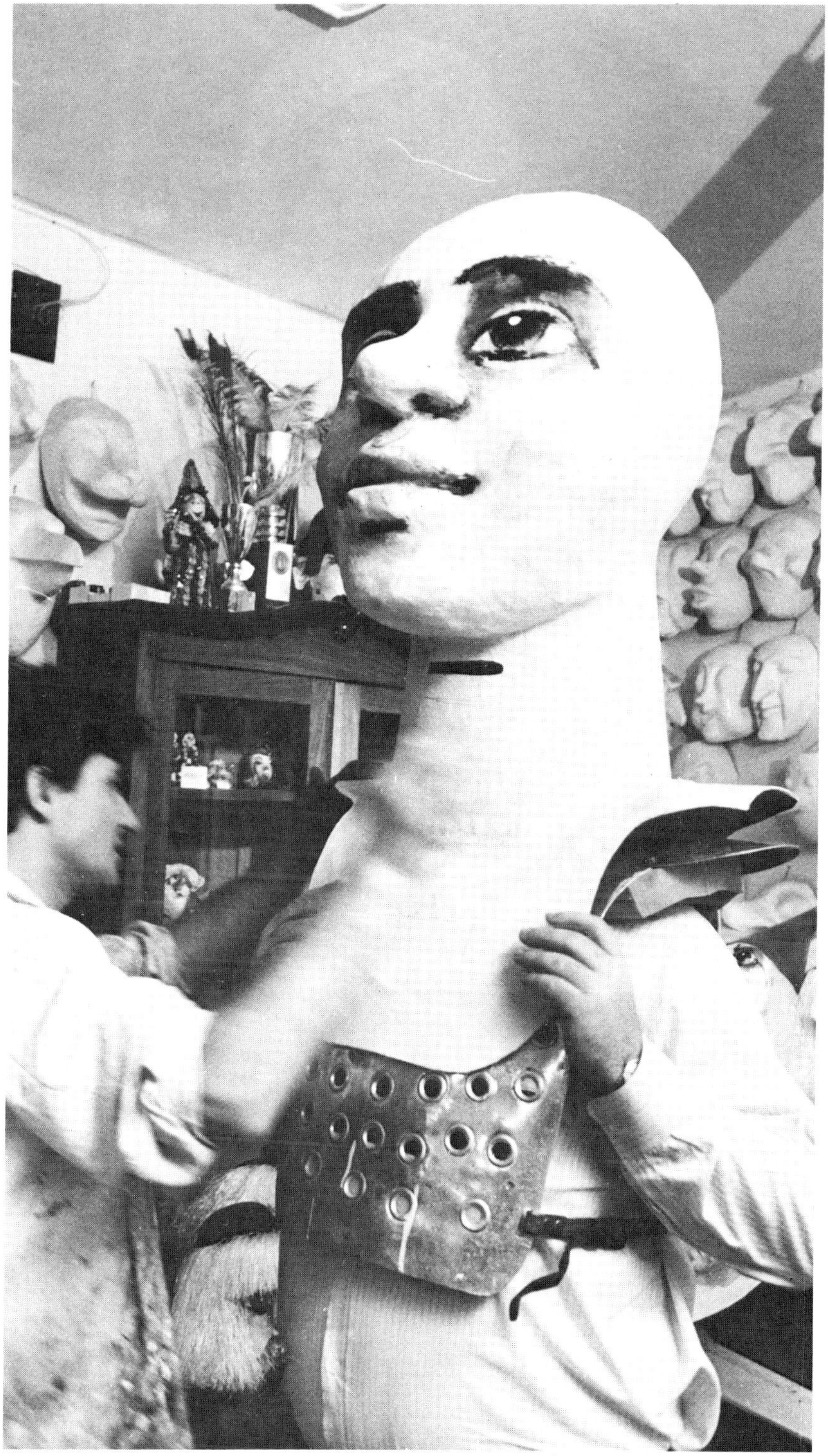

Ausser den Masken nach eigenen Ideen gibt's natürlich auch die traditionellen Typen: Alti Dante, Waggis etcetera. Die Larven dafür macht man am besten kaschiert. Die Alti Dante hat natürlich eine spitzige Nase, der Waggis bekommt einen zünftigen Kloben, die Rokokolarve hat ein edles Gesicht (leicht dümmlich) undsoweiter.

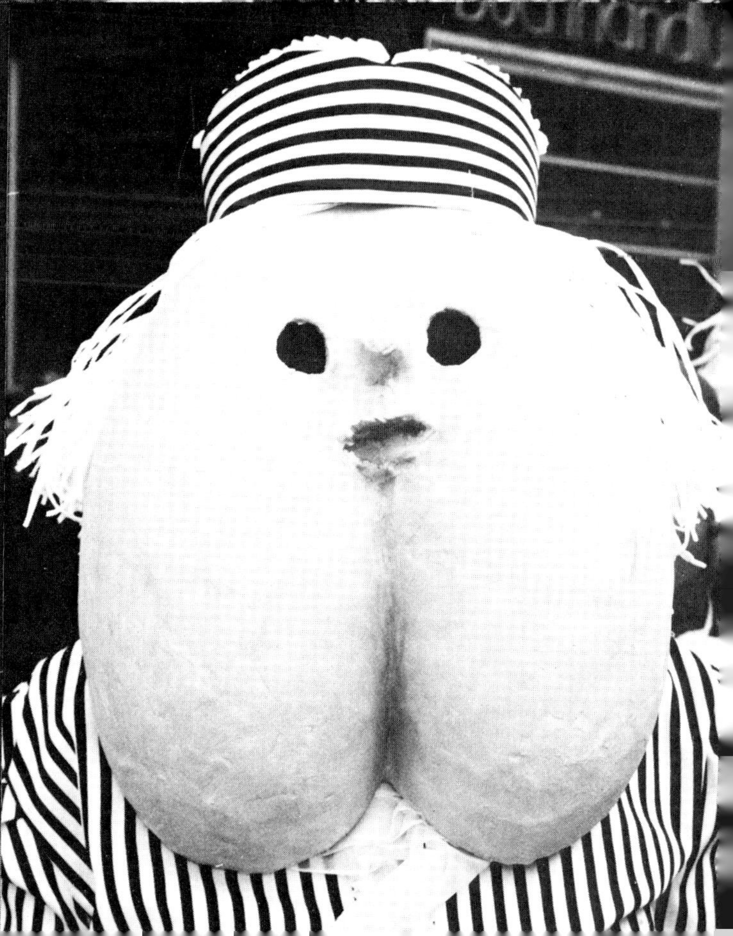

Larven gibt's tausenderlei...

Bis jetzt haben wir Ihnen gezeigt, wie man die typischste aller Basler Larven macht: die kaschierte Larve. Erstaunlicherweise kam sie erst in den zwanziger Jahren auf. Sie lässt die meisten künstlerischen Möglichkeiten zu. Man kann aber Larven aus vielen anderen Materialien anfertigen. Im Schwarzwald und in manchen Gegenden der Schweiz und Österreichs gibt's geschnitzte Larven aus Holz. International verbreitet sind Larven aus gewachstem Stoff. Neuerdings gibt's tiefgezogene Plastiklarven. Auch Larven aus Leder oder aus getriebenem Kupferblech, ja sogar aus Silber und Gold kommen vor. Kein formbares Material, das nicht schon für Larven verwendet worden wäre. Kinder basteln sich ihre ersten Larven meistens aus Schuhschachteln oder aus Karton – in Basel lernen sie das im Kindergarten. Beim Bau solcher Larven kann Ihnen drum jede Kindergärtnerin beistehen. Wir geben Ihnen dennoch ein paar Tips. Kindergärtnerinnen sind sowieso schon überlastet...

Stofflarven machen Sie am einfachsten, indem Sie erst eine Larve von ganz einfacher Form aus Karton bauen. Ein rechteckiges Stück passender Grösse wird halbrund gebogen – dann schneiden Sie am richtigen Ort die Augen und den Mund aus. Bekleben Sie die Larve mit passendem Stoff oder nähen Sie ihn auf. Mit etwas Wattierung können Sie dem Stoff auch Formen geben, für die Nase, für Backen, Augsbrauen und so. Ihre Phantasie kann sich da voll ausleben. Befestigen Sie dann die Larve am Güpfi – beweglich.

Wenn Sie die Larve noch zusätzlich durch ein Gummiband am Hinterkopf sichern möchten, so müssen Sie die Löcher für das Band mit Plastikstreifen oder Karton hinterkleben, damit sie nicht ausreissen.

▶ Typische Ballonlarven.

Ähnlich gehen Sie mit Schuhschachteln vor. Da sie meistens bedruckt sind, muss man sie mit Papier oder Stoff überkleben oder mit Deckfarben bemalen. Beliebt sind als Nasen: Rollen von Toilettenpapier. Leere. Die klebt man auf und beklebt oder bemalt sie passend (oder unpassend).

Styropor ist ein tolles Material für selbergemachte Larven. Man bekommt's im Geschäft für Baubedarf. Man kann es mit einem scharfen Messer leicht bearbeiten. In Do-it-yourself-Geschäften bekommt man kleine Geräte mit einem Draht, der elektrisch geheizt wird und Styropor wie Butter schneidet. Styropor eignet sich besonders für grosse Köpfe, weil es sehr leicht ist. Man muss ein so grosses Stück verwenden, dass noch genügend viel Wand übrigbleibt, wenn man es dann inwendig für den eigenen Kopf aushöhlt. Zum Bemalen gibt man eine Schicht Kunstharzleim auf die Oberfläche, trägt dann Malgrund auf (wie bei einer kaschierten Larve) und bemalt ihn nach der gleichen Technik. Larven aus Styropor werden schöner (und solider), wenn man aussen eine Schicht Larvenpapier auf sie kaschiert. Den Innenraum für den eigenen Kopf kann man herausschneiden oder mit einem elektrischen Heissluftbrenner herausschmelzen.

Ballonlarven sind etwas Besonderes. Statt dass man mühsam ein Modell formt und darüber eine Form baut, die man dann innen kaschiert, nimmt man einen Kinderballon. Den bläst man auf die passende Grösse auf und kaschiert ihn dann aussen. Damit kann man ganz einfach Larven bauen, die vorne und hinten decken. Der Ballon dient nur als Form und wird, sobald die Kaschierung fertig ist, entleert und herausgezogen. Das Kaschieren ist freilich etwas schwieriger, weil man direkt aus dem Larvenpapier herausmodellieren muss. Ich würde Ihnen raten: wagen Sie sich erst an eine Ballonlarve, wenn Sie eine kaschierte Larve erfolgreich gebaut haben!

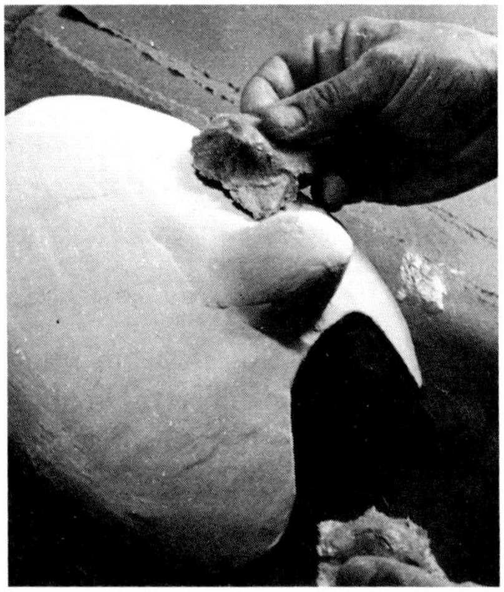

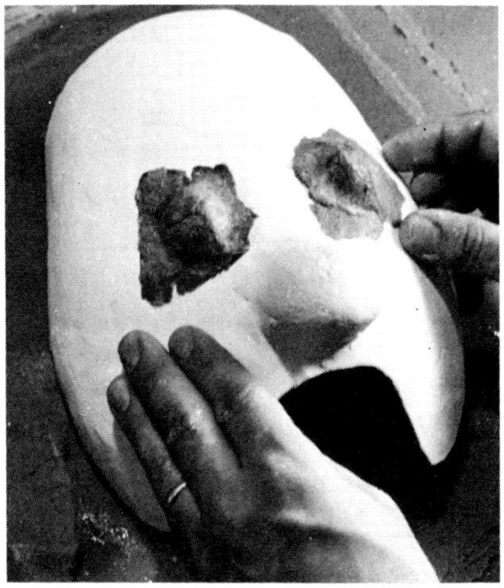

Zum Umbauen von Larven benützt man Larvenpapier – es wird genau so verarbeitet wie beim Bau einer neuen Larve.

Eine andere Nase verändert jede Larve sofort. Es ist einfach, sie aus Larvenpapier zu formen und dann anstelle der alten Nase anzukleben.

Larven umbauen – gar nicht schwer

Alte Larven kann man oft sehr günstig bekommen. Vielleicht findet man auch eine in der eigenen Fasnachtskiste. Es ist nicht schwer, sie umzubauen und/oder neu zu bemalen. Bei kaschierten Larven geht's am einfachsten.

Eine bequeme Technik: Füllschaum! Den bekommt man im Farbengeschäft. Man liest die Gebrauchsanweisung und überzieht dann die alte Larve mit Schaum, den man daraufhin mit scharfem Messer in passende Form schneidet. Am besten kaschiert man eine Lage Larvenpapier darauf, die man grundiert, bemalt und lackiert. Auch mit Styropor kann man Larven umbauen. Es lässt sich einfach mit dem Messer bearbeiten. Wenn man eine neue Nase macht, muss man die alte natürlich zuerst entfernen. Styropor gibt's in Bastelläden bereits in verschiedenen Formen, die man zum Umbau verwenden kann. Lange Nasen lassen sich aus Larvenpapier rollen, das man dann auf die Larve klebt und kaschiert.

Wichtig: beim Umbau alter Larven muss man zuerst den äusseren Lack abschleifen. Dazu benützt man grobes Schleifpapier. Dann grundiert und bemalt man sie genau wie eine kaschierte neue Larve. Siehe Seiten 28 und 34. Nur auf diese Art erreicht man's, dass die umgebaute Larve schön aussieht. Was sie ja tun soll, oder?

Unsere GOURMET-TELLER für Ihre Linie

Hanns U. Christen
unter Mitarbeit von Karl Banholzer

Wie baut man sein Kostüm?

Soll man sein Kostüm selbermachen?

Es ist überhaupt keine Kunst, ein Kostüm zu bauen, vorausgesetzt man kann nähen. Nähen ist ein Handwerk, das immer wichtiger wird, je mehr Konfektion man trägt. Bekanntlich muss man alle fertig von der Stange gekauften Kleider zuerst einmal mit Nadel und Faden reparieren, damit sie einem nicht beim drittenmal Tragen vom Leib fallen. Die Knöpfe muss man sogar vor dem ersten Tragen annähen, sonst sind sie plötzlich nicht mehr da. Nähen ist also eine ebenso notwendige wie verbreitete Handfertigkeit. Wer's nicht selber kann, findet unschwer jemanden, der hilft.

Zum selbergebauten Kostüm führen drei Wege. Erstens kann man ein bestehendes Kostüm anpassen und aktualisieren. Zweitens kann man irgend ein Kleidungsstück zu einem Kostüm gestalten. Drittens kann man ein Kostüm von Grund auf bauen.

Am einfachsten ist's natürlich, wenn man sich ein getragenes Kostüm verschaffen kann. Vorzugsweise von jemandem, der/die ungefähr die gleichen Körpermasse aufweist. Dazu muss man sagen: ein solches Kostüm ist nie fertig. Beziehungsweise: man muss es in jedem Fall genau ansehen, weil es todsicher beim Tragen einige Defekte bekommen hat. Vor allem Knöpfe pflegen zu leiden und Knopflöcher auszureissen. Da man beim Kostümbau mit Knöpfen so sparsam umgeht wie möglich, hat jeder eine lebenswichtige Funktion zu erfüllen. Fehlt einer oder hängt er nur noch an einem einzigen Faden, so führt das zu Problemen. Auch Nähte an besonders beanspruchten Stellen muss man genau überprüfen. Es ist unangenehm, wenn sie an der Fasnacht ratschratsch aufgehen und man sich mit Sicherheitsnadeln behelfen muss, die man sowieso mitzunehmen vergisst. Ausserdem gehen Nähte prinzipiell nur dort aus dem Leim, wo man nicht zukommen kann. Also: genau nachprüfen!

Fasnachtskostüme pflegen – schon der Bequemlichkeit wegen – meistens reichlich gross gebaut zu werden. Anpassungen fremder Kostüme an die eigene Person bestehen deshalb vorwiegend aus Engermachen. Was kein Problem ist. Ist ein fremdes Kostüm zu eng, so ist's am einfachsten, wenn man sich ein anderes besorgt von jemandem mit grösseren Massen.

Fertige Kostüme benötigen meistens eine Aktualisierung. Sie lässt sich ohne grosse Nähkünste ausführen. Was nicht mehr notwendig ist, trennt man ab – vorsichtig bitte. Löcher, die im Getümmel der letzten Fasnacht entstanden sind, hinterklebt man mit Stoff passender Art. Es gibt spezielle Klebmittel für Stoff, die biegsam bleiben beim Erhärten – im Fachgeschäft zu haben. Bei sehr dünnen Stoffen können sie durchschlagen. Dort verzichtet man besser auf sie und hinterklebt mit Selbstklebfolie. Die schlägt nicht durch, hält aber auch nicht so gut.

Neue Requisiten fürs Kostüm kann man sich selber zurechtschneiden aus Filz, dickeren Stoffen, Papier, Folie – kurz aus allem, was man aufkleben oder annähen kann. Mitunter genügt es auch, wenn man sie mit Bostich-Klammern befestigt. Ebenfalls günstig ist Doppelklebeband. Bei jedem Kleben muss man darauf achten, dass nur fettfreie Klebestellen gut halten. Also: mit Watte und Sprit oder Benzin entfetten – beide Teile! Das muss man am offenen Fenster oder – noch besser – auf der Terrasse machen. Nicht rauchen! Alle Mittel zum Entfetten sind feuergefährlich! Nachher beide Teile völlig trocknen lassen und nicht mehr mit den Fingern berühren. Finger sind immer leicht fettig. Geklebtes muss man gut andrücken und möglichst eine Zeitlang unter Druck liegenlassen. Vor allem wichtig: auch die Ecken gut kleben und andrücken. Dort lösen sich Klebstellen am ersten, wenn sie nicht sorgfältig gemacht werden.

Ein Tip: wo etwas Geklebtes beim Tragen besonders beansprucht wird, ist es gut, wenn man am Rand ein paar Stiche mit einem soliden Faden macht. Dann hält es besser.

Requisiten fürs Kostüm können auch aus anderen Materialien bestehen. Besonders beliebt sind Utensilien aus Plastik, Metall, gefärbtem Aluminium, Holz undsoweiter. Man findet sie dort, wo's Spielzeug gibt. Kluge Geschäftsleiter ergänzen rechtzeitig vor der Fasnacht ihr Sortiment. Eine weitere Quelle: Haushaltabteilungen und Haushaltläden. Vor der Fasnacht verkaufen sie mehr Trichter als das ganze übrige Jahr hindurch. Vorzugsweise die halbkugelig geformten. Es gibt in Basel ein Geschäft, das vor der Fasnacht solche Trichter in Zweierpackungen anbietet. Dort hat man's gemerkt...

Ein ganz herrliches Kostüm! Im Prinzip ist's ein Blätzlibajass – aber sehr, sehr stark verfremdet...

Wichtig: Requisiten muss man sehr sorgfältig und sehr solid befestigen! Am besten ist Annähen mit starkem Faden. Manchmal ist's notwendig, die Nahtstelle am Kostüm zu hinterlegen oder mit Selbstklebstoff zu hinterkleben. Im Fasnachtstreiben werden Requisiten leicht abgerissen, wenn sie nicht gut befestigt sind. Man sieht sie oft in Mengen herumliegen. Das ist aber nicht ihr Lebenszweck. Drum: lieber dreimal solider annähen als üblich!

Der Mode-Hit von vorgestern – das Kostüm von heute

Eine Fundgrube für Kostüme ist die Mode der vorletzten Saison. Man weiss ja: alles Modische ist, sobald nicht mehr modern, nur noch komisch. Meistens braucht's nicht viel, um aus dem Mode-hit von gestern ein hinreissendes Kostüm zu machen. Man darf ihm nur nicht mehr ansehen, dass es einmal Dernier cri der Haute Couture (von der Stange des Konfektionsladens) war. Das lässt sich mit Aufgeklebtem und Angenähtem (siehe oben) leicht bewerkstelligen. Besonders geeignet sind natürlich alte zivile Kleidungsstücke und ausgediente Uniformen. Zur Zeit sind sie schwer erhältlich. Alte Kleider werden teuer als Antiquitäten gehandelt, und Uniformen sind die Normalkleidung von Militärdienstgegnern geworden, weshalb Mangel an ihnen herrscht im Handel. Vorausblickende Fasnachtsfreunde besuchen während ihrer Ferien im Ausland Märkte und Surplus-Läden, wo man solche Dinge noch findet – zumal in abgelegeneren Orten. In manchen Ländern gibt es Geschäfte, in denen getragene Kleider angeboten werden. Das sind wahre Paradiese für Kostümbauer. Auf Flohmärkten findet man auch manches. Nur nicht in Städten, die nahe der Landesgrenze liegen. Dorthin kommen nämlich viele Händler aus dem Nachbarland, aber auch Gastarbeiter, und versorgen sich. In Basel ist es ohnehin schwierig, an getragene Kleider mit Kostüm-Chancen heranzukommen. Sie ruhen entweder in den berühmten Fasnachts-Truhen oder werden unter der Hand an Freunde weitergegeben. Also: auswärts suchen ist am aussichtsreichsten.

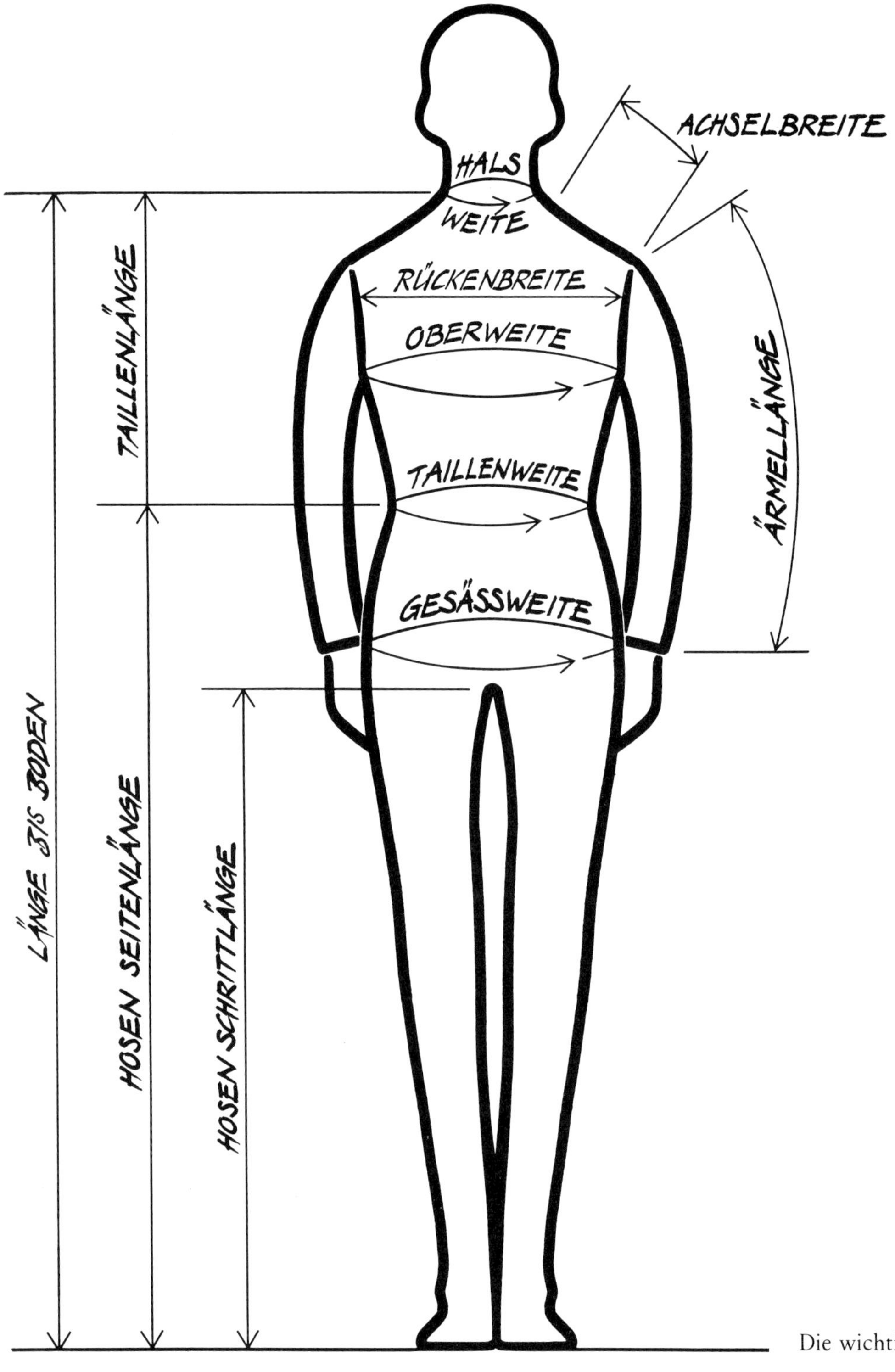

Die wichtigsten Körpermasse

Selberschneidern – was bei Kostümen Besonderes ist

Besonders schöne Kostüme, vor allem zu einem Sujet passende, muss man aber selbermachen – oder von jemandem machen lassen, die/der gut nähen kann. Das gilt vor allem für die klassischen Basler Masken: Waggis, Harlekin, Dummpeter, Blätzlibajass, Clown, Ueli, Landsknecht, Alti Dante. Und dann für Phantasiekostüme.

Zum Glück steht man nicht hilflos vor dem Problem: wie schneidet man so etwas zu? «Es gibt im Handel Schnittmuster, nach denen man ohne Schwierigkeiten arbeiten kann», sagt Karl Banholzer, der erfahrene Kostümbauer. Das sind aber keineswegs Schnittmuster für Kostüme, sondern für ganz arglose Dinge.

Geradezu ein Universalmuster: Pyjama. Aus dem Grundmuster für so eine Nachtbekleidung kann man einen Pierrot ebensogut machen wie einen Harlekin, Ueli oder Clown. Auch für einen Blätzlibajass eignet sich das Muster, nur muss man dann in mühevoller Kleinarbeit die Blätzli ausschneiden und aufnähen. Das probiert man am besten zuvor an einem Stück Stoff aus. Kleben und mit dem Bostich anklammern geht auch. Wichtig: die Blätzli müssen sehr solid befestigt sein – wenn eines fehlt, oder gar zwei, im Getümmel verloren, sieht das Kostüm nicht mehr so schön aus. Schneidet man die Pyjama-Jacke länger als auf dem Muster angegeben, so bekommt man eine Soutane. Landsknecht-Hosen baut man so, dass sie 8–10 cm unter dem Knie aufhören; dort zieht man einen Gummizug ein, damit sie nicht rutschen.

Ein Tip: Kostüme sind keine Masskleider! Es ist gut, sie etwas weiter zu bauen, als man es von der Alltagskleidung her gewöhnt ist. Erstens fühlt man sich bequemer. Zweitens kann man bei kaltem Wetter einen Pullover unter dem Kostüm tragen, ohne dass es einem zu eng wird. Soll das Kostüm trotzdem satt

Stoff und Schnittmuster werden auf einem Tisch flach aufeinandergelegt. Stoffalten kann man zuvor ausbügeln.

Hinten gibt man mindestens 2 cm an der Kante zu. Wenn das Rückenteil eine Falte bekommen soll, beträgt die Zugabe 12–14 cm.
Am Vorderteil muss man für den Verschluss 6–8 cm zugeben.
Auf hellen Stoffen zeichnet man dem Schnittmuster mit dunkler Kreide nach, auf dunkeln mit heller Kreide. 2 cm Nahtzugabe genau zeichnen.

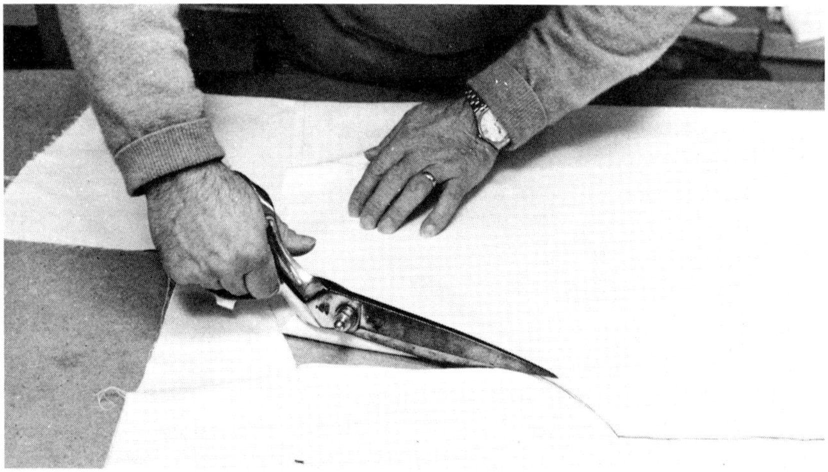

Eine solide Schere lohnt sich – mit ihr geht's besser.

So werden die Stoffstücke aufeinander gelegt.

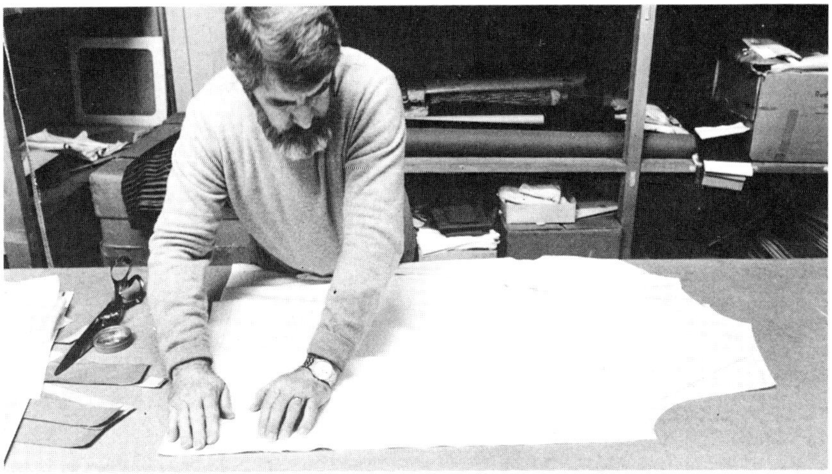

Die ausgeschnittenen Stücke werden mit Stecknadeln zusammengesteckt – quer zur Nährichtung. Dann kann man mit der Maschine darüber hinweg nähen.

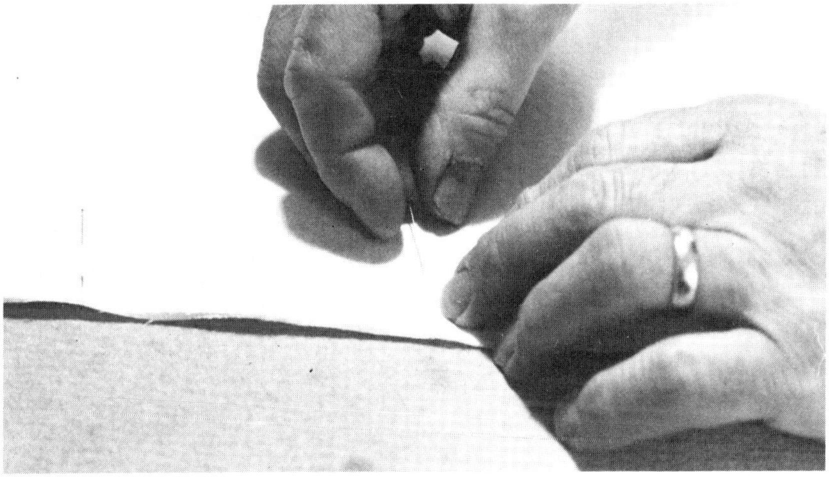

Für präzise Arbeit ist es wichtig, die Nahtzugabe auf linkem und rechtem Teil auf der linken Stoffseite gut vorzuzeichnen (pausen).

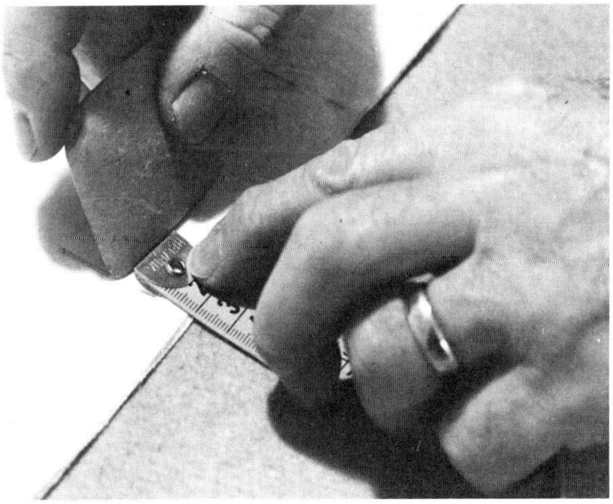

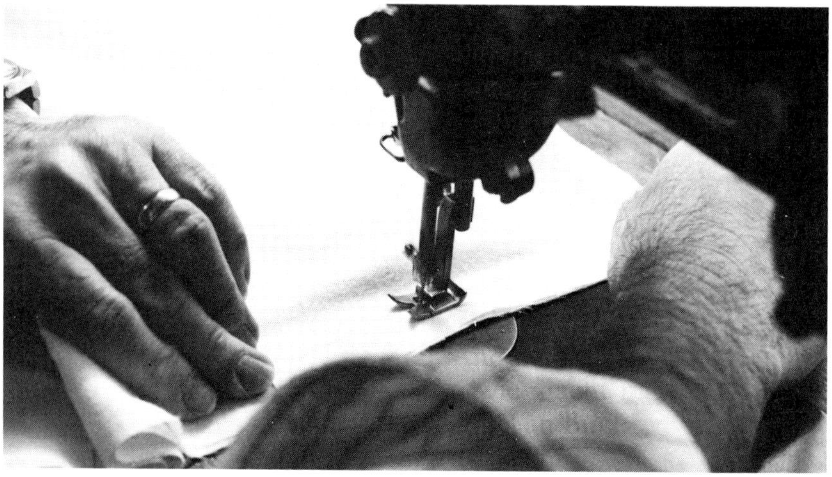

Beim Nähen wichtig: langsam und sorgfältig arbeiten. Fasnachtskostüme müssen viel aushalten und deshalb solid genäht sein.

Nach dem Nähen kontrolliert man, ob die Teile richtig zusammengesetzt wurden. Fehler lassen sich jetzt noch leicht beheben.

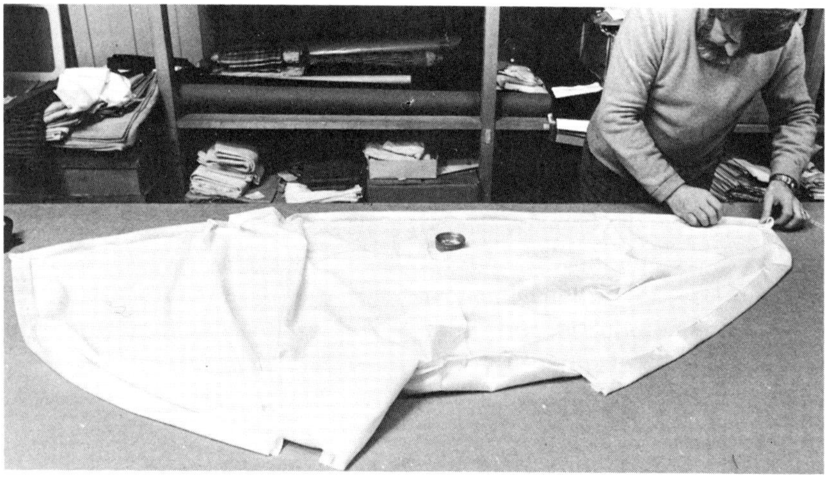

So heftet man die zugegebenen Säume wieder mit Nadeln quer zur Nährichtung.

sitzen, so helfen Gummizüge. Sie lassen sich im Bund viel einfacher einbauen als Gürtelschlaufen. Nur darf man Hosen mit Gummizügen statt Gürtel nicht zu stark belasten (Portemonnaie, Schlüssel und so), sonst rutschen sie. Was lästig ist. An der Fasnacht braucht man die Hände für anderes als zum ständigen Hinaufziehen der Hosen. Hosenträger schaffen Abhilfe.

Wenn man für mehr als eine Person Kostüme schneidert, empfiehlt es sich, für jede ein Massblatt anzufertigen. Siehe Muster. Nach den Blättern lässt sich in Ruhe arbeiten.

Ein zweites Grundmuster ist ebenfalls leicht zu beschaffen: ein schlichter Rock oder ein einfacher Ballrock. Aus ihm baut man das Kostüm für eine Alti Dante. Hier gibt's aber etwas Besonderes: man muss vorne oben und hinten in der Mitte genügend Platz lassen für Busen und – mit Verlaub gesagt: Fudi. Für den Busen könnte man einen Büstenhalter verwenden, den man ausstopft. Es hat sich gezeigt, dass Männer ihn nicht mögen, weil seine Träger einschneiden. Eigentlich ist das gut so: die Männer sollen ruhig einmal merken, dass es für eine Frau nicht unbedingt ein freudenvolles Geschenk ist, wenn die Natur sie reich begabt hat. Karl Banholzer hat eine viel bessere Lösung gefunden. Er schlägt vor: man nimmt ein Unterleibchen. Auf das montiert man vorne oben Schaumplastik, passend zurechtgeschnitten. Hinten montiert man am Leibchen unten ebenfalls Schaumplastik, nach Wunsch geformt. Das ergibt ein Leibchen, das Busen und Fudi enthält, sich leicht an- und ausziehen lässt und sehr bequem zu tragen ist. Zugegeben: so ein Leibchen ist nicht unbedingt ein Meisterwerk der Reizwäsche. Aber es ist sehr praktisch – und einfach zu machen.

Auch andere weibliche Kostüme lassen sich nach dem Grundmuster unschwer schneidern. Beim Nähen aber Rücksicht darauf nehmen, dass solid genäht wird! Fasnachtskostüme werden beim Tragen mindestens so stark beansprucht wie Militäruniformen. Man kann an einer Uniform sehen, wie man solid näht. Modische Konfektion taugt hier höchstens als Gegenbeispiel.

Ein Tip: auch bei Frauenkostümen ist's gut, wenn man eine Tasche einbaut, aus kräftigem Stoff und gut verschliessbar – zum Beispiel mit Klettenband. In ihr kann man Geld, Schlüssel, Garderobemarke und anderes Wichtiges versorgen.

Das dritte käufliche Grundmuster ist ein schlichtes Hemd – für die Waggisbluse. Sie bekommt einen weiten Halsausschnitt. Den im Schnittmuster vorgesehenen Hemdenkragen lässt man weg. Nur den Kragenbund baut man. Waggisblusen müssen reichlich weit sein. Der weite Halsausschnitt wird bekanntlich durch ein Halstuch verdeckt. Das Personal, das in Geschäften

Der Kragen aus Schrägstreifen wird vor dem Aufsetzen gebügelt.

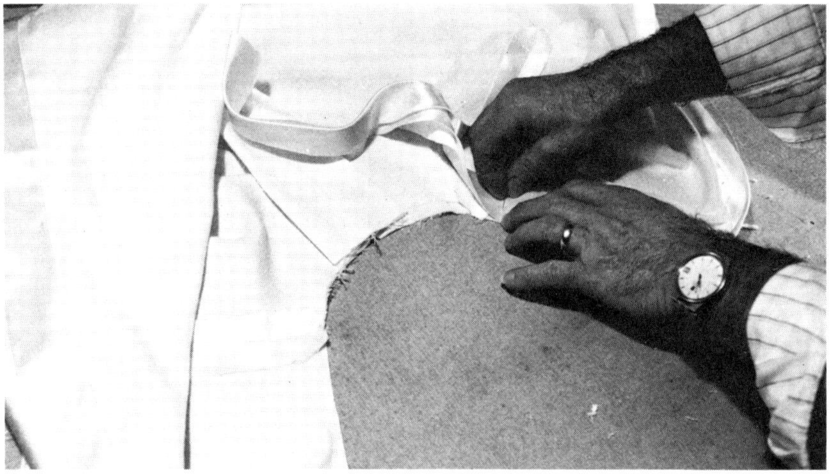

So kontrolliert man den Kragen, bevor man ihn aufsteckt.

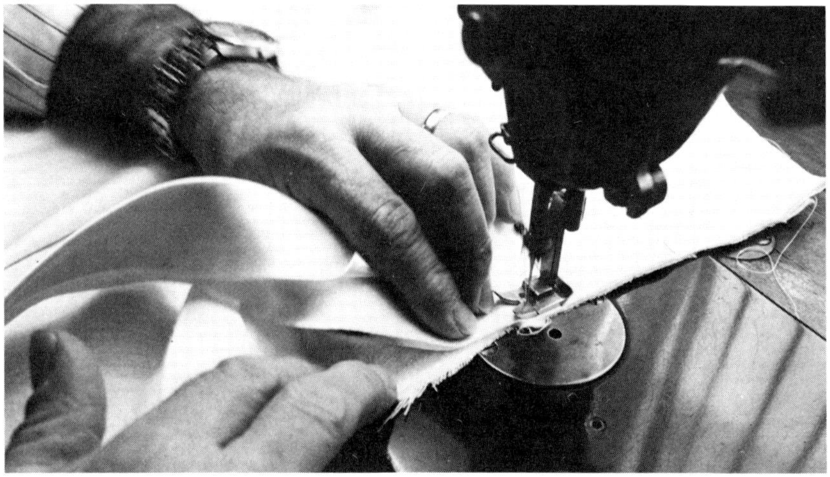

Auch der Kragen muss sehr solid angenäht werden. Nicht hastig arbeiten – Zeit lassen!

Für einen weiten Ärmel wird das Ärmelmuster in Streifen geschnitten, die fächerförmig auf den Stoff gelegt werden. Den äusseren Konturen nach aufzeichnen und mit Nahtzugabe ausschneiden.
Der Armkugelansatz bleibt ungefächert.

Der normale Ärmel wird so zusammengesteckt.

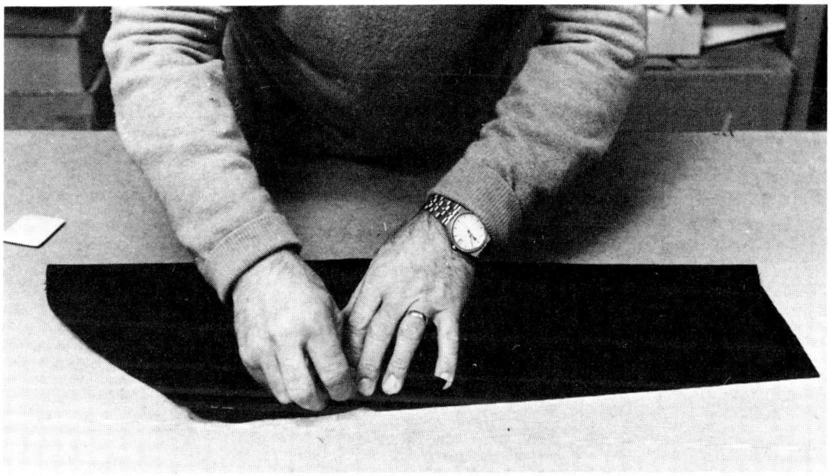

Für ein Kostüm mit einem normalen und einem weiten Ärmel legt man die ausgeschnittenen Stücke zur Kontrolle so zusammen.

Schnittmuster verkauft, ist fast immer sachkundig und kann beraten, welche Hemdengrösse man kaufen soll.

Drei Tips. Erster: Für Halstücher wählt man einen weichen Stoff, 90 cm breit, 90 cm lang. Den legt man diagonal zu einem Dreieck zusammen. Fertig ist das Halstuch.

Zweiter: Knopflöcher müssen nicht so kompliziert gemacht werden, wie es in der Schule gelehrt wird. Sondern: man macht in den Stoff einen Schnitt, in Richtung des Zugs, und fixiert den Stoff mit wasserunlöslichem Leim oder Klebstoff.

Dritter: Knöpfe, die stark beansprucht werden – zum Beispiel am Hosenbund –, näht man nicht mühevoll an. Man drückt dort einfach Patentknöpfe ein. Karl Banholzer weiss: wenn ein Wagnertenor mit einem Patentknopf an der Hose den ganzen «Tristan» durchsingen kann, dann hält so ein Knopf auch über eine Fasnacht. Vorsichtige Gemüter nehmen einen Ersatzknopf mit. Meistens braucht den dann jemand anderer, der/die in Not geraten ist. Patentknöpfe gibt's in Textilläden und in der Mercerie.

Die zusammengenähten Ärmel werden auf die rechte Seite umgekrempelt.

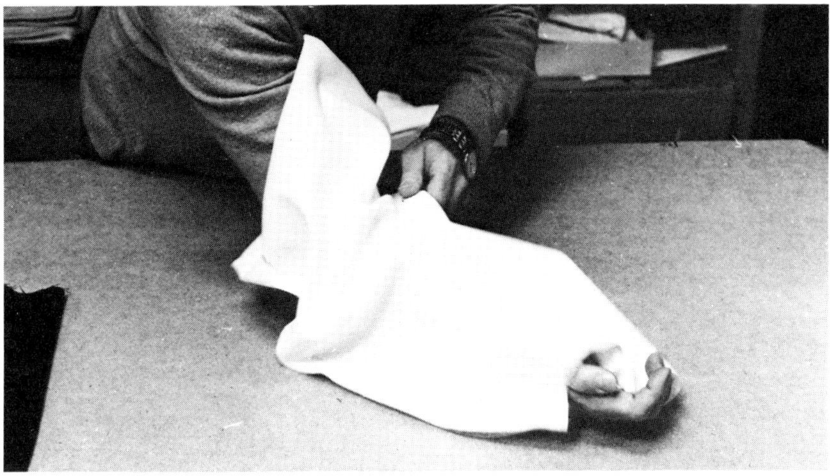

Normaler und weiter Ärmel beim Ineinanderstecken.

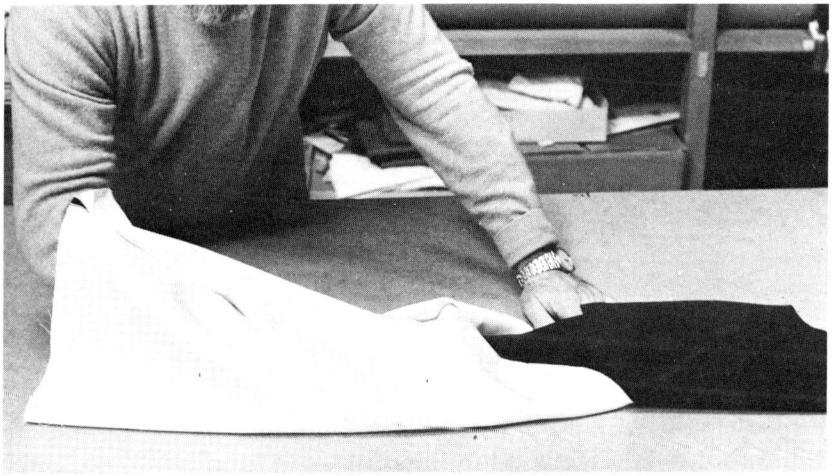

Längenkontrolle der Ärmel. Mit einer zweiten Person als Hilfe geht's noch leichter.

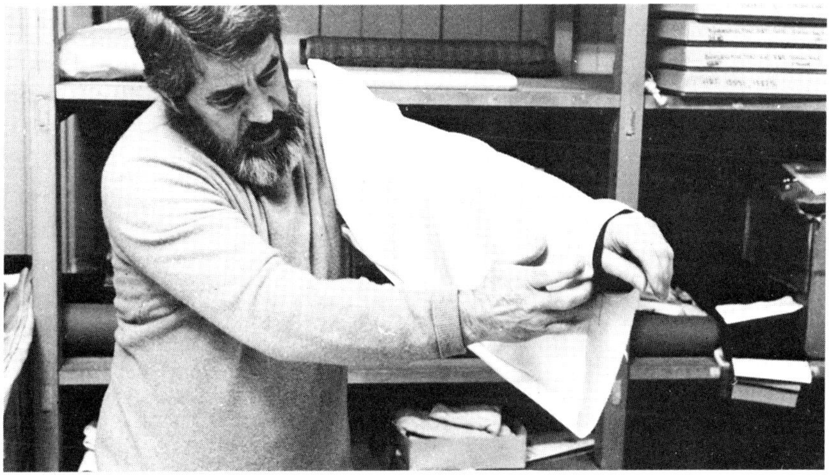

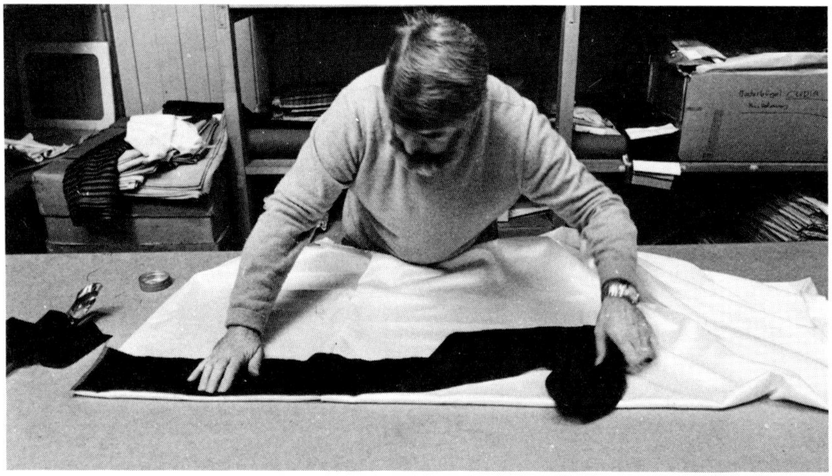

Wenn der Kittel unten einen Besatz bekommt, wird der auf diese Weise aufgelegt.

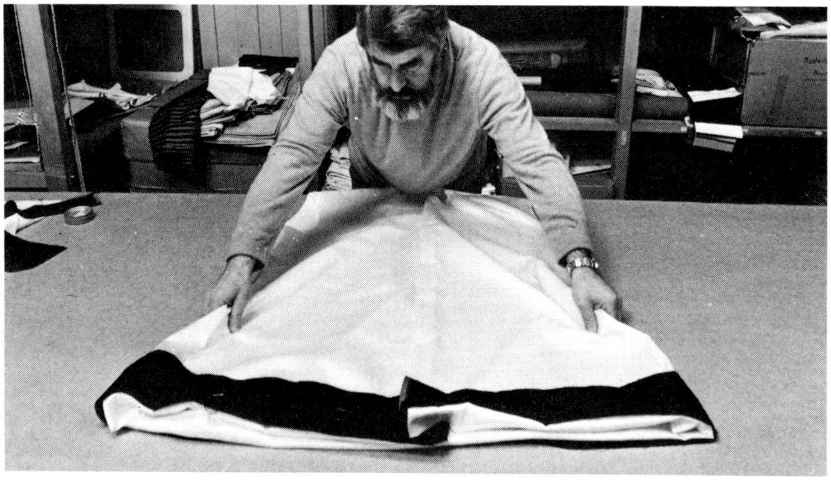

Wichtig: genau kontrollieren, ob der Stoff richtig (rechte-linke Seite) und faltenfrei liegt.

Bevor man die Ärmel einnäht, schaut man nach, ob der rechte Ärmel auch im rechten Armloch und der linke im linken ist. Manchmal gibt's da Überraschungen...

So werden die 2 cm Saum vor dem Nähen umgebügelt.

▶

So bügelt man eine genähte Naht auseinander.

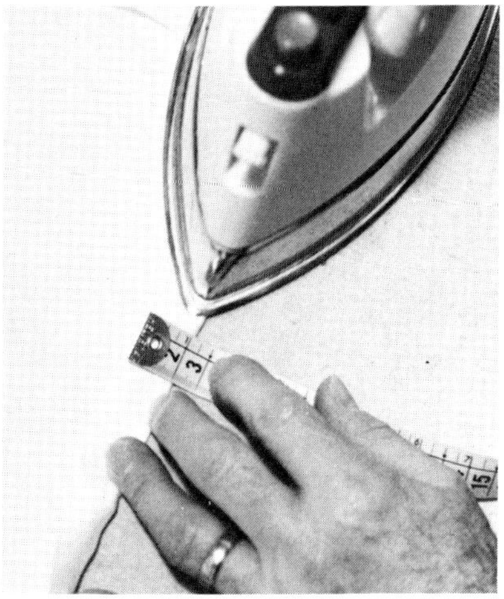

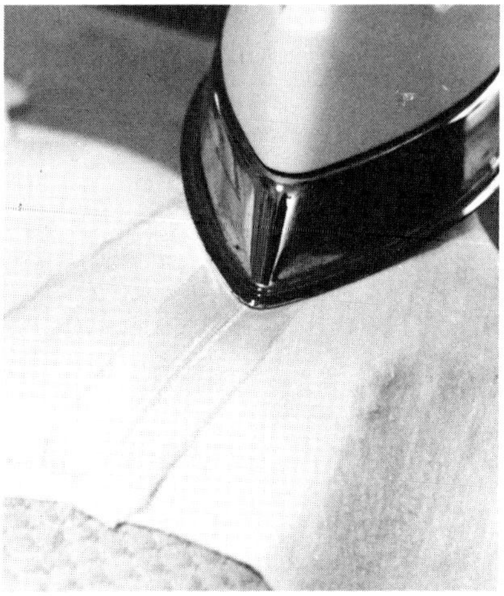

Das ganze Kostüm hängt man auf einen Bügel. Nun kommt die letzte Kontrolle. Meistens sind noch kleine Retouchen notwendig, die man jetzt leicht ausführen kann.

Stoffe, woraus man Kostüme macht...

Die Wahl des Stoffes für ein Kostüm ist nicht schwer, aber ungemein wichtig. Früher verwendete man mit Vorliebe Filz. Den braucht man nicht zu säumen. Filz ist aber recht teuer geworden. Wenn man heute Filz kauft, muss man wissen: er wird in der Fabrik meistens gestreckt. Das bedeutet: beim Tragen geht er dann ein. Was tut man? Bevor man Filz verarbeitet, bügelt man ihn mit dem Dampfglätteisen. Dabei geht er ein – und nachher behält er die Grösse.

Kostüme macht man heute vorwiegend aus Baumwollstoff. Es gibt ihn in allen erdenklichen Farben und Mustern. Baumwollstoff hat einen ungeheuren Vorteil: er lässt die Haut atmen und saugt Schweiss auf. Es gibt Baumwollstoff, der innen roh und aussen mercerisiert ist. Der eignet sich am besten. Dazu kommt, dass Baumwolle preiswert ist und sich leicht verarbeiten lässt.

Für besondere Effekte kann man natürlich auch Samt und Seide verwenden. Dito Wollstoffe und Glitzerstoff. Sie sind wesentlich teurer. Das fachkundige Personal im Stoffgeschäft berät einen gern.

Was sich für Fasnachtskostüme auf gar keinen Fall eignet, sind Kunstfasern wie Nylon, Perlon undsoweiter. Sie sind zwar pflegeleicht, aber man schwitzt unter ihnen sau – pardon: saunamässig. Finger weg!

Auch Glitzerstoff lässt Luft nicht gut durch, so dass man unter ihm ins Schwitzen gerät. Das kann man zum grossen Teil verhindern, indem man ihn mit einer Unterlage von Baumwollstoff näht. Die sorgt für Luftzirkulation und saugt Schweiss auf.

Als in früheren Zeiten die Frauen noch Zeit hatten, gab es gestrickte Kostüme. Ein gestricktes Kostüm hat zwar Vorteile. Man kann es eng anliegend machen (pardon: form fitting...) oder wie einen Sack, und es sieht immer gut aus. Auch lässt es Luft durch, ohne dass es kältet. Aber: unter fünfzig Arbeitsstunden kommt man selbst beim einfachsten Strickkostüm nicht weg. Und das gilt für erfahrene Könnerinnen. Wer sich an so eine Arbeit wagen möchte, erkundigt sich im Wollgeschäft. Dort kann man erfahren, wieviel Wolle man braucht, was für eine Art, wie es mit den Maschenzahlen ist, und was die anderen Geheimnisse des Strickens noch so sind. Eine einfache Lösung: es gibt Stoffe, die aussehen, als seien sie gestrickt. Sie lassen sich aber verarbeiten wie gewobene Stoffe. Das spart viel Zeit, viel Ärger, viel intensive Zählarbeit und manches Auftrennen. Nur haben solche Stoffe halt nicht die Vorteile des Gestrickten beim Tragen.

Wer im Sinn hat, sich ein Fasnachtskostüm zu bauen, muss die Augen offen halten. Es gibt zahlreiche Möglichkeiten, billig zu sehr schönen Stoffen zu kommen: Ausverkauf, Saisonschlussverkauf, Restentische, Restposten. Auch im Ausland lohnt sich's, das Stoffangebot zu studieren. Dort gibt's mitunter Muster, die man bei uns nirgends findet. Aus Ostafrika zum Beispiel kann man billige Baumwolltücher mitbringen, die dort von Frauen als Kleider getragen werden, bei uns aber höchstens sehr teuer in einer Superboutique zu finden sind. Aber bitte Vorsicht: die Farben sind dort nicht immer echt! Ich habe erlebt, dass sich eine junge Frau aus afrikanischen Tüchern ein wunderbares Sommerkleid schneiderte. Dann kam sie leider damit in ein Gewitter. Das Kleid war daraufhin nicht mehr so farbenprächtig. Wohl aber die junge Frau. Mit Gewittern ist an der Fasnacht selten zu rechnen. Ausgeschüttetes Bier, Schweiss, Schneewasser und dergleichen fasnächtliche Erscheinungen wirken aber genau gleich.

Bevor man Stoff kauft, muss man sich überlegen: wie breit soll er sein? Die besten Breiten sind 70 und 140 cm. Bei 140 cm breitem Stoff benötigt man nur 1× die Hosenlänge. A propos: man rechnet dabei das am Körper gemessene Mass und schlägt 10 Prozent dazu. Im Handel gibt es auch die Breite 90 cm. Mit ihr bekommt man zuviel Abfall. Also: 90 cm breiten Stoff nur dann kaufen, wenn es unbedingt diese Farbe oder dieses Muster sein muss, und man bekommt's nicht in den Massen 70 bzw. 140 cm.

Das Färben von Stoffen

Es kann vorkommen, dass man einen Stoff findet, der einem ungeheuer gut gefällt – aber er ist zu leicht. Was tun? Man kauft zugleich einen schwereren Stoff, weiss oder in einer passenden

Farbe. Den schneidet man zu und legt dann den leichten Stoff darauf. Die Ränder vernäht man mit der Maschine mit Zickzackstichen. Falls der leichte Stoff durchscheinend ist, kann man mit dem unterlegten Stoff schöne Effekte erzielen, wenn man ihn in einer anderen Farbe wählt. Im Laden ausprobieren, wie's wirkt!

Bekommt man ums Verworgen keinen Stoff in der Farbe, die man haben möchte, so gibt's eine Lösung: man kauft weissen oder ganz hellfarbigen und färbt ihn selber. In Drogerien, Do-it-yourself-Läden und in Künstlergeschäften kann man sehr gute Stofffarben bekommen. Man lasse sich beraten! Beim Färben gehen Stoffe immer ein. Das steht auf der Gebrauchsanweisung zwar auch – aber meistens liest man die vor lauter Freude aufs Erfolgserlebnis gar nicht genau durch. Deshalb soll man auch nicht fertige Kostüme färben, die einem gut passen. Nach dem Färben passen sie einem dann nämlich nicht mehr. Am besten färbt man den unverarbeiteten Stoff. Beim Stoffkauf daran denken: rund 10 Prozent mehr kaufen, um das Eingehen auszugleichen! Es gibt neuerdings auch Farben, die man handwarm verarbeiten kann. Sie heissen «Kaltwasserfarben». In handwarmem Wasser gehen Stoffe wenig ein beim Färben. Also verwendet man sie für fertige Kostüme oder Kostümteile. Aber etwas eingehen tun die Stoffe auch mit diesen Farben. Drum nur für Kostüme verwenden, die reichlich bemessen sind.

Wichtig: ins letzte Waschwasser nach dem Färben gehört ein Gutsch Essig! Es braucht kein sündhaft teurer Balsamico aus Modena zu sein – der billigste tut's auch. Essig verhindert, dass der Stoff beim Tragen abfärbt. Auf die Wäsche, auf die Haut, oder was sonst ihm recht nahe kommt. Inbegriffen Leintücher und teure Smokinghemden (letzteres bei Zugereisten).

Kleinigkeiten, die zum Kostüm gehören

Etwas vom Schönsten beim Selbermachen von Kostümen ist: man kann die Stoffe so verzieren, wie's einem selber oder wie's zum Sujet passt. Dazu gibt es zahlreiche Methoden und Techniken.

Etwas Einfaches: man schneidet aus Stoff, Folien, dünnem Metallblech oder sonst etwas Schönem Muster aus und klebt sie auf. Dazu verwendet man Stoffleim, den es im Do-it-yourself-Laden, in der Drogerie und in Stoffläden gibt. Es ist wesentlich bequemer, wenn man solche Verzierungen am Stoff anbringt, bevor er verarbeitet ist. Man zeichnet zuvor die Stücke an, die

man dann zuschneidet; so kommen die Verzierungen an die richtigen Stellen. Alles Geleimte muss zusammengepresst werden, bis der Leim trocken ist.

Tip: Plastikheissleim. Für seine Verarbeitung braucht man zwar eine Heissluftpistole, aber dafür trocknet er im Nu und hält sehr gut.

Noch ein Tip: nicht zu dünne Stoffe wählen fürs Bekleben! Erstens werden die Klebstellen hart, was nicht immer gut aussieht. Zweitens schlägt der Leim durch. Drum: sorgfältig arbeiten und lieber die Verzierungen nicht ganz bis zum Rand mit Leim bestreichen, damit er nicht unter ihnen auf den Stoff durchquillt, wo er stört. Sonst vorgehen wie auf Seite 60 beschrieben.

Stoffe kann man auch selbst bemalen!

Noch schöner ist's, Stoff zu bemalen. Dazu lassen sich Filzstifte verwenden. Sie sollen wasserfest sein, sonst laufen die Farben beim Tragen aus. Filzstifte enthalten Lösungsmittel. Drum am offenen Fenster arbeiten oder im Freien – und keinesfalls rauchen. Auch nicht den bemalten Stoff am Cheminée oder am elektrischen Heizofen trocknen. Die meisten Lösungsmittel sind feuergefährlich oder mindestens brennbar.

Wichtig: Stoffe, die bemalt (oder bedruckt) werden, muss man vorher waschen. Oft sind sie auf irgend eine raffinierte Art behandelt und nehmen die Farben nicht gleichmässig an. Nach dem Waschen gut ausspülen und vor dem Bemalen restlos trocknen.

Farben für Stoffmalerei bekommt man in Geschäften für Künstlerbedarf, in Drogerien und Do-it-yourself-Läden. Es gibt verschiedene Arten, die für verschiedene Stoffe und Zwecke geschaffen sind. Das Personal weiss Bescheid. Auch übers Mischen der Farben soll man sich erkundigen. Es kommt heutzutage selten vor, dass sich Stofffarben nicht miteinander vertragen – aber man kann das Pech haben und just die eine einzige Ausnahme erwischen. Auch die richtigen Pinsel und die Technik des Malens lässt man sich am besten im Geschäft zeigen. Dort erfährt man auch, womit die Pinsel nach Gebrauch am besten gereinigt werden können.

Ein Tip: mit Farben bemalte Stoffe kann man auch noch mit Filzstiften verschönern. Schrift lässt sich mit dem Stift viel leichter schreiben als mit dem Pinsel. Auch für kleine Details eignet sich der Filzstift besser.

Das Bedrucken von Stoffen

Eine weitere Technik: Stoffdruck. Dazu braucht man eine gute Unterlage, die etwas elastisch ist - zum Beispiel Gummi oder Spannteppichresten. Ferner benötigt man Stoffdruckfarben - zu beziehen im Geschäft für Künstlerbedarf - und Druckstempel. Den Stoff bedruckt man, bevor man ihn verarbeitet. Zuvor muss man ihn waschen, gründlich spülen und vollkommen trocken werden lassen. Inzwischen hat man Zeit, die Druckstempel herzustellen. Dazu eignen sich: Linoleum und Kartoffeln. Für Linolstempel gibt es zweckmässige Schneidewerkzeuge samt Gebrauchsanweisung. Kartoffelstempel schneidet man meistens mit dem kleinen Küchenschnitzer. Noch schöner wird Stoff, den man mit Holzstempeln bedruckt. Für sie verwendet man am besten das weiche, aber feinfaserige Lindenholz, das Geschäfte für Künstlerbedarf führen. Dort gibt's auch Anleitungen für den Stoffdruck und die Herstellung von Holzstempeln. Die Ausgabe lohnt sich! Lindenholz lässt sich schnitzen, sägen, mit der Bohrmaschine bearbeiten oder mit Messern für Kerbschnitt schneiden. Auf dem Flohmarkt, auf der Herbstmesse und in Boutiquen findet man öfter Druckstempel aus Holz, an denen man sehen kann, wie man's macht. In Stempelgeschäften und Spielwarenläden gibt's fertige Stempel, die sich auch für Stoffdruck eignen. Meistens sind das eher unfasnächtliche Motive wie wilde Tiere, Santikläuse oder Mickymäuse. Aber manchmal kann man sogar so etwas brauchen. Selber erfundene Motive sind natürlich viel schöner. Wofür hat man in der Schule Zeichnen gelernt?

Tricks beim Kostümbau – vom Fachmann verraten

Wenn man für eine Hose Mass nimmt, kann's vorkommen, dass man aus irgendeinem Grund die Schrittlänge nicht messen kann/darf/will. Da gibt es einen Ausweg. Man misst die Seitenlänge vom Gürtel bis zum Boden. Dann lässt man die zu messende Persönlichkeit auf einem Stuhl Platz nehmen und misst die Länge vom Gürtel bis zum Sitz – auf der Seite. Dieses Mass zieht man von der Seitenlänge ab. Das gibt recht genau die Schrittlänge.

Für Stehkragen und Manschetten verwendet man heutzutage keine komplizierten Einlagen mehr. Sondern: man nimmt den Stoff doppelt. Das gibt ihm genügend Halt.

Ein wichtiges Problem: wo macht man den Verschluss fürs Kostüm? Wenn man das Kostüm anzieht, ist ja meistens jemand dabei, der einem helfen kann, den Verschluss zu schliessen. Wenn man's auszieht, ist öfter niemand da, und zudem ist man selber oft zu müde, um lange herumzufummeln. Die Lösung: man baut den Verschluss dort ein, wo man selber leicht zukommt. Das heisst: nicht am Rücken, sondern am besten vorne. Das verhindert auch, dass einem irgendein Witzbold (zugereist) in einer Beiz heimtükkisch den Verschluss aufmacht. Man hat ihn vorne unter Kontrolle. Hinten nicht.

A propos Verschluss: sehr praktisch wären natürlich Klettenverschlüsse. Aber sie sind recht steif und deshalb nicht immer angebracht. Reissverschlüsse sind weicher, aber erstens sind sie für das Fasnachtswetter nicht unbedingt geeignet, und zweitens kann es halt leider vorkommen, dass man etwas einklemmt, und dann hat man seine liebe Not mit ihnen. Am besten sind drum: Druckknöpfe. Es gibt solche, die man nur in den Stoff einzuschlagen braucht. Sie kosten mehr als Druckknöpfe zum Annähen, aber man hat fast keine Arbeit mit ihnen. Haften sind auch brauchbare Verschlüsse, aber bei ihnen kommt man ums Nähen nicht herum.

Bei den Reissverschlüssen tritt die Frage auf: darf man sie sehen, oder muss man sie verstecken? Wenn sie unsichtbar bleiben sollen, muss man einen Übertritt von 2 cm machen, der sie verdeckt. Was das ist, kann man an Herrenhosen sehen, die mit Reissverschluss gebaut sind.

Wer sich zu Rüschen oder Volants versteigen will, muss beim Zuschneiden daran denken: sie benötigen dreimal das normale Mass. Tüllrüschen brauchen fünfmal die Halsweite. Und was Achterrüschen angeht, auch Halskrausen genannt: die sind zum Selbermachen zu schwierig. Man kann sie fertig im Laden kaufen oder sie beim Fachmann (meistens weiblich...) anfertigen lassen.

Noch zwei wertvolle Tips:

Ideen für Kostüme, auch für die klassischen Masken, findet man am besten in Bilderbüchern von der Fasnacht. An ihnen herrscht kein Mangel.

Probleme beim Kostümbau, mit denen man nicht selber fertig wird, trägt man am besten dort vor, wo man den Stoff kaufte. Die Leute in solchen Läden kommen draus. Oder man fragt eine Schneiderin oder einen Schneider. Ganz raffiniert ist es, eine Handarbeitslehrerin zu fragen. Karl Banholzer hat es ganz genial gemacht: er hat eine geheiratet. So weit brauchen Sie nicht zu gehen. Es gibt zudem sowieso viel zu wenig solche Fachkräfte...

Hanns U. Christen
unter Mitarbeit von Ferdi Afflerbach

Laternen – Basels Hohe Kunst

Mit dem Gestell fängt's an

Larven, Kostüme und Perücken – das gibt's auch anderswo an der Fasnacht. Laternen aber: die gibt's nur in Basel. Wie es dazu kam, dass Laternen zu unserer Fasnacht gehören, kann man in einem wunderschönen Buch nachlesen, das anno 1980 die Spezi-Clique für ihr 75jähriges Bestehen herausgab. Das sollten Sie sich sowieso anschauen, bevor Sie daran gehen, eine eigene Laterne zu bauen. Es kann Ihnen nämlich Ideen geben...

Eine Laterne besteht aus einem Gestell, das mit Stoff überzogen wird. Auf den Stoff malt man mit durchscheinenden Farben, so dass Transparente entstehen, die von innen beleuchtet werden. Das ist, so kurz wie möglich ausgedrückt, eine Laterne.

Geht man ins Detail, so wird es allerdings etwas komplizierter. Bevor Sie sich entschliessen, eine Laterne zu bauen, sollten Sie wissen, worauf Sie sich da einlassen – und was Sie alles brauchen und zu tun haben. Gehen wir das einmal der Reihe nach durch!

Zunächst brauchen Sie einen Raum, in dem Sie die Laterne bauen. Während darin gearbeitet wird, kann man ihn nicht mehr für andere Zwecke benützen. Eine Laterne braucht Platz. Nicht nur während dem Bau. Sie müssen die fertige Laterne auch aus dem Arbeitsraum hinaustransportieren können. Sehen Sie also genau nach, ob die Tür des Raumes gross genug ist und ob Sie die Laterne über Treppen, oder was sonst im Weg liegt, ins Freie tragen können. Schätzen Sie das nicht nur so mit dem Augenmass ab – messen Sie's genau! Es hat schon Leute gegeben, die haben eine wundervolle Laterne gebaut – aber an die Fasnacht konnten sie die nicht mitnehmen, weil sie um zwei Zentimeter zu gross war. Ein Tip: machen Sie die Laterne lieber etwas kleiner, als die Masse von Tür und Treppenhaus sind. Und messen Sie zweimal. Manchmal verliest man sich nämlich beim Messen...

1987
Fasnacht

Die nächste Stufe heisst vornehm «Ideenskizze». Im Fachjargon heisst das weniger vornehm «Sudel». Zeichnen Sie zuerst aufs Papier die Masse, die Sie gemessen haben. Etwa im Massstab 1:10 – 10 Zentimeter statt einem Meter, und so. Vermutlich werden Sie nicht nur einen einzigen Sudel brauchen, sondern viele. Heutzutage macht man für so etwas Photokopien. Das spart viel Arbeit. Hier der nächste Tip: geben Sie der ersten Laterne Ihres Lebens eine ganz einfache Form! Ferdi Afflerbach, der schon viele Laternen gemalt hat, nennt die Form: Zündholzschächtelein. Geometrisch heisst das: Quader. Die einfachsten Laternen sehen aus wie Backsteine, nur grösser. Wenn Sie an der Fasnacht Laternen in den absonderlichsten Formen sehen, so denken Sie daran: die wurden von erfahrenen Schreinern gebaut. Wagen Sie sich nicht an so etwas Kompliziertes. Bleiben Sie einfach. Jedenfalls bei Ihrer ersten Laterne.

Wenn Sie aus Ihren Sudeln – pardon: Ideenskizzen – den Entwurf herausgesucht haben, der Ihnen und Ihren Mitfasnächtlern am besten gefällt, so geht's wieder ans Messen. Sie müssen nämlich nun das Gestell bauen.

Die meisten Laternen werden aus Dachlatten gebaut, beziehungsweise aus ähnlichen Latten, die Sie im Do-it-yourself-Laden finden oder bei einem Schreiner. Kaufen Sie gehobelte Latten! Sauber gehobeltes Holz schont Ihre Finger, und es lässt sich viel besser bespannen. Bevor Sie das Holz kaufen, sollten Sie sich eine Skizze des Gestells machen – ebenfalls im Massstab 1:10. Dann nehmen Sie das Zentimetermass und messen, wie viele Latten Sie brauchen, und wie lang die sein müssen. Notieren Sie sich das auf einem Zettel. Den können Sie dann zum Lattenkauf mitnehmen. Schon wieder ein Tip: es gibt sicher in Ihrem Bekanntenkreis jemanden, der/die so etwas schon einmal gemacht hat. Lassen Sie sich beraten! Warum soll man nicht von den Erfahrungen anderer profitieren?

Beim Entwurf des Gestells müssen Sie einiges beachten. Erstens muss es solid sein. Zweitens darf es nicht zu schwer werden. Drittens dürfen die Latten nicht zuviel Licht wegnehmen. Latten werfen nämlich Schatten auf den Bezug! Erfahrene Laternenbauer hobeln die Latten so, dass eine Kante abgeschrägt wird. Das wird Ihnen natürlich nicht gelingen. Ein Tip: machen Sie die Laterne nur so gross, dass Sie schmale Latten verwenden können, die nur dünne Schatten geben. Oder entwerfen Sie die Laterne so, dass sie vorne und hinten einen schwarzen Rahmen zeigt – wie ein Bilderrahmen. Dann können Sie solide Latten verwenden. Man nennt das «Aus der Not eine Tugend machen».

Das nächste Problem: wie montiert man die Latten zusammen? Zumal die Ecken, wo drei Latten aufeinanderstossen? Berufsleute machen das mit raffinierten Methoden. Die sind für Sie zu schwierig. Bei einer kleinen Laterne können Sie die Latten mit langen Nägeln zusammennageln – am besten geben Sie zuvor Leim auf die Stossstellen. Lassen Sie sich im Farbladen beraten, welcher Leim der beste ist und sich am einfachsten verarbeiten lässt. Alle paar Jahre gibt's nämlich neue Arten von Leim. Der Fachmann kennt sie und kann Ihnen sagen, wie man sie richtig verwendet. Bedenken Sie beim Bauen: Leim braucht Zeit zum Trocknen! Sonst hält die Verbindung nicht. Während dem Trocknen dürfen Sie das Gestell nicht bewegen. Trocknen Sie lieber zu lange.

Erfahrene Laternenbauer verstärken die Verbindungsstellen der Laternen. Wenn der Leim trocken ist, können Sie dünne Blechstücke, passend zugeschnitten, darübernageln oder Schrauben. In Fachgeschäften kann man auch vorfabrizierte Verbindungsstücke kaufen, die man zur Verstärkung über die Latten montiert. Für Dachlatten mit Normalmassen gibt es sehr praktische Steckverbindungen. Sie sind sehr solid, aber nicht gerade leicht.

Wichtig: Ihre Laterne sollte so gross sein, dass Sie den Bezug auch von innen bemalen können. Das ist manchmal notwendig. Es erfordert: mindestens 60 cm Tiefe. Das ist das Mindestmass, wenn Sie in die fertig bespannte Laterne hineinsteigen wollen, um sie zu «hintermalen».

Nochmals wichtig: an einer Seite sollte die Laterne ein Türlein bekommen. Grund: Sie müssen ja die Beleuchtung bedienen können und das unter erschwerten Umständen auf der Strasse, im Gedränge, bei Schnee und Regen, wie das an der Fasnacht halt so ist. Das Gestell der Laterne muss trotz dem Türlein solid sein. Bei einer kleinen Laterne gibt es eine einfache Lösung: bauen Sie das Gestell so, dass man eine ganze Seitenwand abnehmen kann.

Hier bereits ein Wort über die Beleuchtung Ihrer Laterne. Es gibt ein paar Möglichkeiten: Gas aus einer Bombe, Elektrisch aus Batterien, Kerzen. Die einfachste, beste, praktischste und billigste Möglichkeit sind Kerzen. Sie sind auch am leichtesten. Sehen Sie für die Kerzen Querlatten vor, auf die Sie kleine Kerzenhalter aus Blech montieren. Die können Sie aus Konservenbüchsen selber basteln. Es gibt auch Kerzenhalter zu kaufen. Wichtig ist: sie müssen den Kerzen sicheren Halt geben! Montieren Sie die Kerzen mindestens 10 cm vom Bezug der Laterne entfernt. Solidität ist sehr wichtig. Es ist widerlich, wenn eine Laterne plötzlich zu brennen beginnt, weil eine Kerze im Halter kippt und die Bespan-

Rundungen mit Verstrebungen versehen, damit der gespannte Stoff eine Auflage hat.

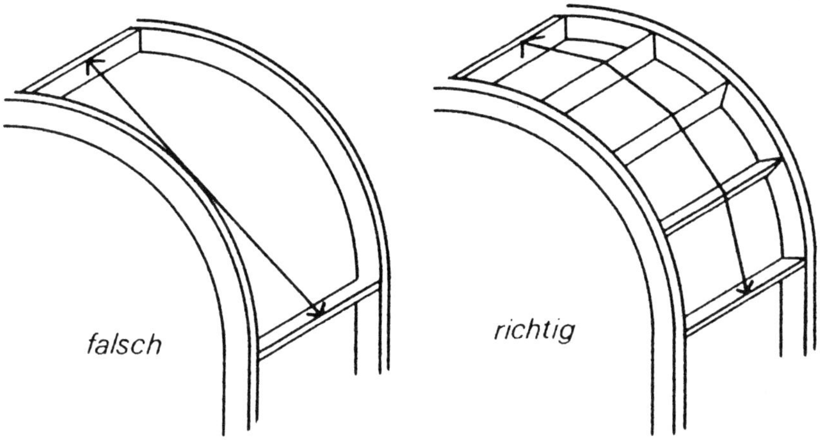

Damit die Beleuchtung bis in die Ecken ausleuchten kann, wird das solide Gestell aus dicken Latten mit einer aufgesetzten feinen Leiste versehen.

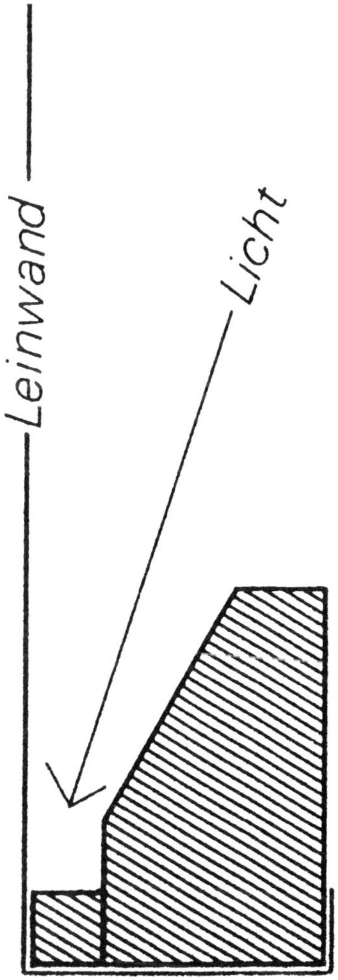

Eine Laterne muss so geräumig gebaut werden, dass man in sie hineinsteigen kann. Grund: beim Malen ist es manchmal notwendig, auch die Rückseite des Laternentuches zu bemalen – Fachausdruck: zu hintermalen. Schlanke Laternenmaler haben's da leichter...

nung in Brand setzt. Über Kerzen unterhalten wir uns später noch einmal.

Beim Bau des Gestells müssen Sie daran denken, dass die Laterne getragen wird. Sie muss also vorne und hinten je zwei Traglatten bekommen – weit genug auseinander, dass die Laternenträger hineinpassen. Lieber etwas weiter, denn das gibt der Laterne beim Tragen besseren Halt. Ferner braucht eine Laterne vier Füsse, damit die armen Träger sie auch einmal abstellen können. Die Füsse müssen sehr solid befestigt sein, damit sie nicht abbrechen, wenn jemand an die Laterne stösst. Lassen Sie sich beraten!

Was Sie noch wissen müssen: Laternen sind unten und oben offen! Grund: die Kerzen brauchen zum Brennen Luft von unten, und die erhitzte Luft muss nach oben entweichen können. Eine Laterne ist deshalb im Grund kein ganzes Zündholzschächtelein, sondern nur dessen äusserer Teil – vier Wände.

Hier möchten wir Ihnen einen guten Rat geben: bauen Sie auch einen Probierplätz! Das ist ein einfacher Rahmen aus Latten, die Sie zusammennageln. Er soll nicht kleiner als 60×80 cm sein. Mit ihm tun Sie genau das gleiche, was Sie nun auch mit der Laterne tun: Bespannen – Leimen. Exakt nach der Anleitung, wie Sie die Laterne bespannen und die Leinwand leimen. Der Probierplätz dient Ihnen als Übungsfeld. Auf ihm können Sie die Farben ausprobieren, bevor Sie mit dem Malen der Laterne beginnen. Das erspart Ihnen manchen Kummer. Halten Sie es für überflüssig, so einen Probierplätz anzufertigen? Es sei Ihnen verraten: auch ganz erfahrene Laternenmaler verwenden einen Probierplätz. Machen Sie's wie diese alten Hasen. Und werfen Sie den mit Farbproben bemalten Plätz nachher nicht weg! Er kann es an künstlerischer Schönheit mit manchem berühmten Werk moderner Künstler aufnehmen – oder wenigstens fast. Machen Sie's wie ein bekannter Laternenmaler, dessen Name diskret verschwiegen sein soll. Er schickte einen Probierplätz an eine Kunstgalerie, und die zahlte ihm für dieses Werk so viel, dass er davon drei Laternen hätte finanzieren können...

So sieht ein Probierplätz aus. Zum Bespannen verwendet man am besten einen Bostich-Hefter. Weil ein Probierplätz nicht sehr gross ist, kann man ihn allein bespannen.

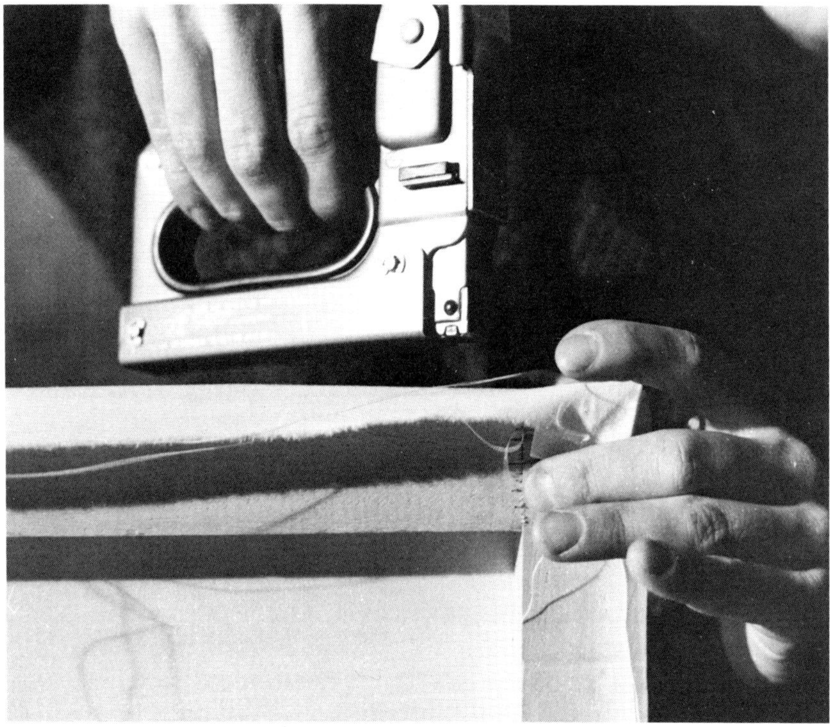

Bespannen – am besten zu zweit

Die nächste Arbeit ist das Bespannen. In der Umgangssprache nennt man die Bespannung «Leinwand». Das ist sie aber gar nicht. Man bespannt Laternen nicht mit Leinwand, sondern mit Baumwollstoff. Der muss kräftig genug sein, um die Beanspruchungen auszuhalten. Baumwollstoffe gibt es in folgenden Breiten: 80, 90, 125, 135, 170, 240 und 270 cm. Die grösseren Breiten sind aus dickerem Stoff, die schmäleren aus dünnerem. Fragen Sie im Farbladen, wo man zur Zeit Baumwollstoffe für Laternen kaufen kann. Lassen Sie sich dort beraten, welcher Stoff für Ihre Laterne am besten geeignet ist. Am besten nehmen Sie zum Einkaufen eine Frau mit, die etwas vom Nähen versteht. Das gibt's nämlich noch. Hören Sie auf ihren Rat. Nehmen Sie zum Stoffkauf auch Ihre Skizze mit den Massen mit. Dann kommen Sie nicht mit zu wenig oder mit zu viel Stoff nach Hause. Und lassen Sie sich genau erklären, in welcher Richtung der Stoff beim Bespannen laufen muss.

Bespannen können Sie Ihre Laterne so, wie Ferdi Afflerbach es beschrieben hat: Laden Sie 30 Freunde ein, stellen Sie zwei Dutzend Flaschen Weisswein kühl und sehen Sie fünf Stunden Arbeitszeit vor. Weisswein muss es sein, weil Rotwein müde macht, Weisser aber munter. Die 30 Freunde sind in der Theorie ein Team, das die Laterne bespannt. In der Praxis arbeiten zwei an der Laterne und die anderen 28 sind emsig damit beschäftigt, die zwei Dutzend Flaschen Weisswein fachgerecht zu bearbeiten (vornehmer Ausdruck für: leeren). Folglich genügen zum Bespannen zwei Personen.

Bespannt wird eine Laterne «übers Kreuz». Das bedeutet: man beginnt an einer Ecke damit, den Stoff (passend zugeschnitten) mit Paschnägeln oder mit Bostich-Klammern zu befestigen.

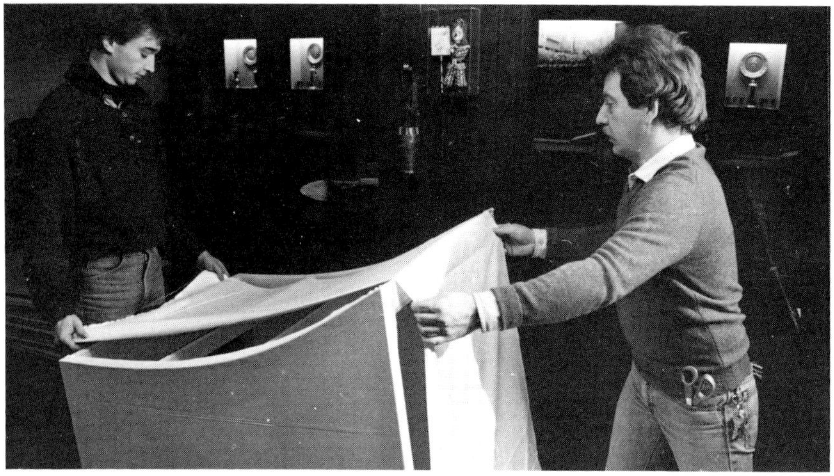

Zum Bespannen einer Laterne braucht's zwei Personen. Hier sieht man, wie eine Rundung bespannt wird. Es ist am besten, wenn man hier den Stoff nicht mit dem Massstab misst, sondern ihn direkt auf das Laternengerüst legt und seine Länge bestimmt.

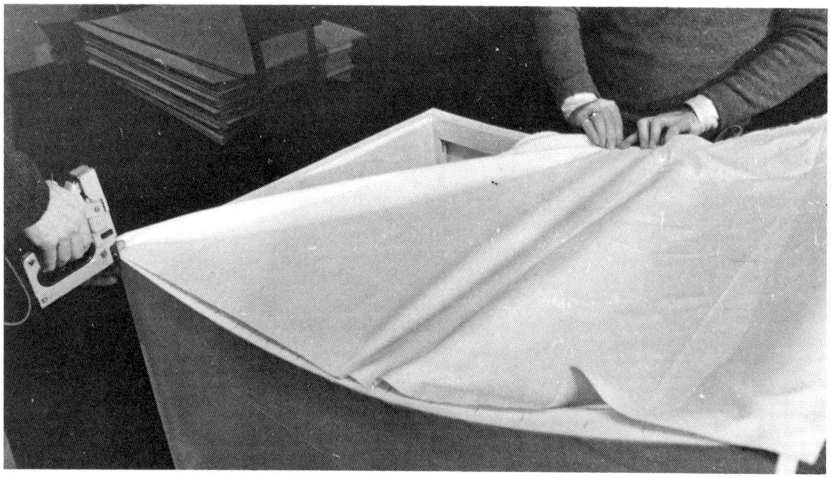

Beim Bespannen beginnt man an einer Ecke und heftet dort den Stoff fest. Dann befestigt man ihn an der Ecke diagonal vis-à-vis. Muss man eine Rundung bespannen, so teilt man den Stoff in Partien und befestigt ihn ebenfalls diagonal gegenüber. Das Bild zeigt, wie man's macht.

Grosse Flächen bespannt man ebenfalls diagonal von Ecke zu Ecke. Wie stark man den Stoff dabei anzieht, ist Gefühlssache. Es lässt sich nicht beschreiben. Tip: Lieber etwas straffer spannen. Sonst gibt's unschöne Falten.

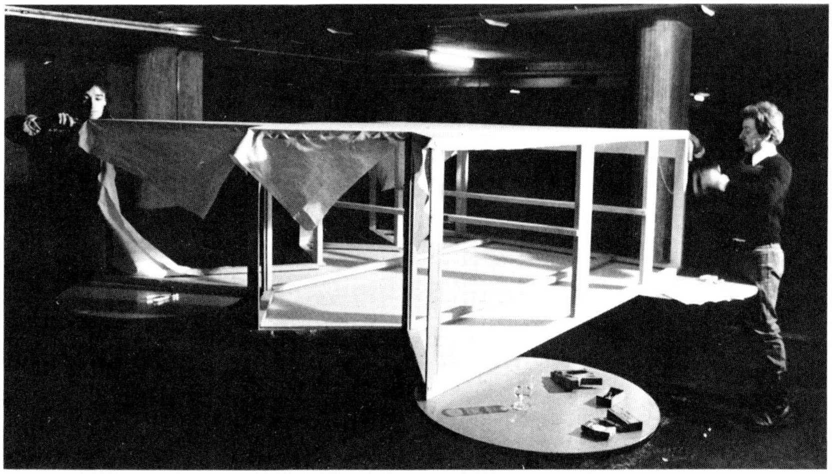

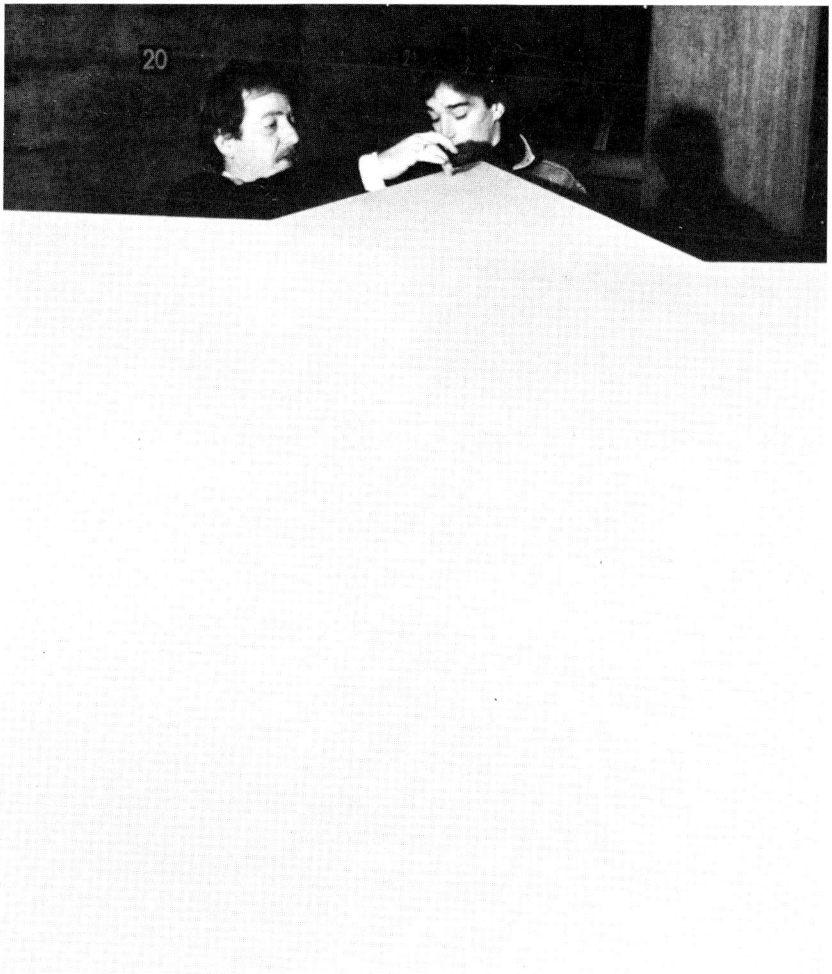

Dann macht man das gleiche an der Ecke diagonal vis-à-vis. Auf diese Weise gelingt es, den Stoff faltenlos auf das Gestell zu nageln. Er muss straff gespannt sein, aber nicht allzu straff, und schon gar nicht zu wenig straff. Die richtige Spannung kann man nicht beschreiben. Man muss das fühlen. Am besten ist's, man lädt jemanden ein, der/die das schon einmal richtig gemacht hat. Praktiker beginnen mit dem Bespannen an den Seitenwänden – da können Sie üben, und wenn etwas falsch geht, ist der Verlust an Stoff nicht so gross.

Ungeheuer wichtig: gutes Leimen!

Sobald die Laterne gut bespannt ist, kommt die nächste Etappe: das Leimen des Stoffes. Man muss ihn so leimen, dass man auf ihm malen kann und dass er richtig transparent wird. Dazu benötigt man einen Leim, der gar kein Leim ist, sondern in Wasser aufgelöste Gelatine. Ausserdem benötigen Sie einen warmen Raum. Kenner erklären einmütig: zwanzig Grad Raumtemperatur ist das Mindeste. Am besten leimen Sie Ihre Laterne daher im Juli oder anfangs August. Das tut natürlich kein Mensch. Deshalb müssen Sie Ihren Arbeitsraum gut wärmen. Nötigenfalls mit einem zusätzlichen Ofen etwelcher Art. Vergessen Sie für diese Zeit alles Energiesparen. Die Laterne geht vor.

Die Gelatine fürs Leimen der Laterne ist genau die gleiche Art, die man auch in der Küche verwendet: glasklare Tafeln, etwa so dick wie Halbkarton, die seltsame Wölbungen aufweisen. Man bekommt sie im Farbgeschäft. Gelatine wird zuerst in kaltes Wasser gelegt. Dort quillt sie auf. Dann nimmt man sie heraus und gibt sie in warmes Wasser – das löst sie auf. Das Verhältnis Wasser-Gelatine ist so: auf 100 g Gelatine rechnen Sie 1,5 Liter Wasser. Das ist die Norm. Die Gelatinelösung streichen Sie mit einem entsprechend grossen Pinsel (das Fachgeschäft berät Sie!) innen und aussen auf die Bespannung. Lückenlos. Dann lassen Sie die Gelatine trocknen – das dauert mindestens 24 Stunden. Erst wenn sie ganz trocken ist, bekommt sie einen weiteren Anstrich: innen und aussen. Wieder lassen Sie das restlos trocknen. Dann streichen Sie die Gelatine noch einmal auf die Aussenseiten der Laterne. Streichen Sie nicht zu lange herum, sonst löst sich der vorher aufgetragene «Leim» wieder und es gibt Flecken. Arbeiten Sie zügig. Ein Tip: die beste Temperatur der Gelatine sind 40 Grad. Damit sich die Büchse mit der Gelatine nicht zu rasch

Das Leimen des Laternenstoffs mit der Gelatine-Lösung geht am einfachsten zu zweit. Beachten Sie, dass es keine Lücken in der Gelatineschicht gibt.

So sieht ein guter Leimpinsel aus. Reinigen Sie ihn beim Leimen ein paarmal während der Arbeit. Wenn Sie zu zweit arbeiten, leimt einer weiter, während der andere den Pinsel wäscht.

abkühlt, stellt man sie in eine grössere Schüssel mit warmem Wasser.

Wichtig: auch die Kanten des Stoffs müssen geleimt werden! Sonst zieht Regen- oder Schneewasser in den Stoff und ruiniert die halbe Bemalung. Am besten ist's, Sie stellen die Laterne beim Leimen nicht senkrecht, sondern etwas schräg – wenn Ihnen Leimtropfen vom Pinsel fallen, gibt es dann keine Tränen auf dem Stoff, sondern nur Flecken auf dem Boden. Sie haben doch alte Zeitungen unterlegt, oder? Das empfiehlt sich. Gelatineflekken lassen sich übrigens mit warmem Wasser leicht entfernen. Man muss nur etwas warten, bis die Gelatine sich darin aufgelöst hat. Routinierte Laternenmaler reinigen übrigens auch den Pinsel, mit dem sie leimen, von Zeit zu Zeit mit etwas Seife und lauwarmem Wasser. Gut auswaschen, damit keine Seife mehr im Pinsel zurückbleibt! Mit einem gereinigten Pinsel leimt sich's besser.

Wenn die Laterne fertig geleimt ist, stellen Sie eine helle Lampe dahinter und schauen durch die Bespannung. Sie sollte gleichmässig hell aussehen. Wenn sie das nicht überall tut, müssen Sie dort nachleimen.

Ein Tip: in einem geheizten Raum ist es unter der Decke wärmer als am Boden. Stellen Sie drum die Laterne zum Trocknen auf Hocker oder Kisten, damit sie höher steht. Dann trocknet der Leim besser.

Bevor Sie mit Malen beginnen, machen Sie einen farbigen Entwurf. Machen Sie vielleicht ein paar Entwürfe. Wenn Sie selbst nicht gut zeichnen können, lassen Sie sich von jemanden die Zeichnung machen, der/die es gut kann. Dann machen Sie davon Photokopien, die Sie selber farbig ausfüllen. Es ist aber lustiger, wenn Sie die ganze Laterne alleine entwerfen und malen.

Jetzt wird gezeichnet und gemalt

Während der letzte Gelatine-Anstrich trocknet, haben Sie Zeit, ans Bemalen zu denken und die notwendigen Utensilien einzukaufen. Zum Bemalen können Sie entweder einen Entwurf (1:10, wie gehabt) anfertigen – oder Sie malen einfach spontan drauf los. Wie Sie's tun, hängt von Ihrem Temperament und von Ihren künstlerischen Fähigkeiten ab. Spontan malen gibt die lustigeren Laternen, Malen nach Entwurf meistens die vornehmeren.

Wenn Sie nach einem Entwurf malen, so zeichnen Sie ihn natürlich farbig auf solides Papier. Sobald er fertig ist, zeichnen Sie mit Lineal und Bleistift ein Quadratnetz darüber – etwa 1 cm Zwischenraum zwischen den Linien. Das hilft Ihnen dann, den Entwurf auf die Laterne zu übertragen. Zeichnen Sie auf den wirklich ganz getrockneten letzten Gelatineanstrich ein Netz mit 10 cm grossen Quadraten. Nicht mit Bleistift, sondern mit einem dünnen Kohlestift (aus dem Fachgeschäft). Kohlestriche lassen sich leicht entfernen – durch Klopfen, oder durch Tupfen mit einem Knetgummi. Radieren Sie nicht – das ruiniert den Leim!

Welche Farben verwenden Sie zum Malen der Laterne? Es eignen sich alle Farben, die transparent auftrocknen. Im Farbengeschäft wird man Sie fachmännisch beraten. Es gibt eine ganze Anzahl verschiedener Farben, die in Frage kommen. Guter Rat des Fachmanns ist die beste Hilfe bei der Wahl. Kaufen Sie für Ihre erste Laterne nicht allzu viele verschiedene Farben. Sie können die Farben ja mischen. Sie können sie auch mit dem passenden Mal- oder Lösungsmittel verdünnen. Das Farbengeschäft sagt Ihnen, wie und womit.

Was Sie nun in Ihrem Arbeitsraum brauchen, sind: leere Gläser. Kluge Laternenmaler sammeln das ganze Jahr hindurch

Zum Übertragen der Skizze auf den Laternenstoff können Sie ein Quadratnetz verwenden, wie's im Text beschrieben ist. Könner wie Ferdi Afflerbach zeichnen lieber frei. Eine andere Methode: machen Sie vom Entwurf ein Dia. Das projizieren Sie auf den Laternenstoff. So geht das Übertragen der Zeichnung am einfachsten.

alle leeren Komfi- und Cornichongläser, die sie bekommen können. Konservenbüchsen gehen zur Not auch, aber manche sind innen lackiert, und so ein Lack kann sich in der Farbe auflösen und sie unbrauchbar machen. Glas ist besser. Ausserdem sieht man hindurch. Die Gläser stellen Sie auf einen Tisch, den Sie dick mit Zeitungen belegt haben. Achten Sie darauf, dass die Gläser solid stehen! Hinter die leeren Gläser stellen Sie die Gefässe mit den Farben. Es empfiehlt sich, eine gewisse Ordnung hineinzulegen. Beginnen Sie links mit den hellen Gelbtönen und fahren Sie fort mit Orange, Rot, Violett, Blau und Grün. Weiss brauchen Sie nicht – was weiss werden soll, wird einfach nicht bemalt, so dass das geleimte Tuch durchschaut. Sie brauchen aber helles und dunkleres Braun und Schwarz. In die Gläser kommen die gleichen Farben – nur nach Bedarf verdünnt. Die am stärksten verdünnten am besten ganz vorne.

Gemalt wird mit Pinseln. Für jede Farbe brauchen Sie einen Pinsel, der für sie reserviert bleibt. Nur so bekommen Sie dann auf der Laterne Farben, die leuchten, ohne Nebentöne zu zeigen. Das Farbgeschäft sagt Ihnen, welche Pinsel Sie am besten verwenden. Das kommt nicht nur auf Ihr Temperament an, sondern auch auf die Art der Farben. Lassen Sie sich im Fachgeschäft auch sagen, womit Sie Ihre Pinsel reinigen sollen. Das Reinigungsmittel hängt von der Art der Farben ab. Säubern Sie die Pinsel nicht erst am Schluss der Arbeit, sondern auch zwischendurch. Entfernen Sie aber vor dem Weitermalen alle Reste des Reinigungsmittels mit Küchenpapier aus dem Pinsel!

Bevor Sie mit Malen anfangen, müssen Sie einen knallharten Entschluss fassen. Der heisst: «Ich beginne mit einer Seitenwand!». Den Entschluss müssen Sie ebenso knallhart durchhalten. Sie haben nämlich noch keinerlei Erfahrung im Laternenmalen. Wenn Sie mit einer Seitenwand beginnen, so ist's nicht allzu schlimm, wenn etwas danebengeht. Sie können da Erfahrungen sammeln. Erst wenn beide Seitenwände gemalt sind, kommt die Rückwand der Laterne an die Reihe. Und zuletzt, wenn Sie's schon gut können, malen Sie die Vorderseite.

Tip Nr. 1: stellen Sie die Laterne wieder leicht schräg, damit Farbtropfen nicht über die Bespannung laufen, sondern auf den Boden fallen.

Tip Nr. 2: beginnen Sie mit den hellsten Farben! Dunkler malen können Sie dann immer noch. Zu dunkel gemalte Stellen lassen sich aber nicht mehr aufhellen. Drum: mit hellen Farben anfangen!

Tip Nr. 3: fangen Sie oben zu malen an und malen Sie abwärts. Halten Sie ein sauberes Stück Stoff (saugfähig – also

So sieht der Arbeitstisch eines Laternenmalers aus... Wer Laternen malt, tut gut daran, während des Jahres viel Konfitüre zu essen und die Gläslein samt Deckel aufzuheben.

Der Fachmann malt zuerst die kleineren Seiten der Laterne. Dabei bekommt er Übung, und wenn etwas nicht ganz richtig gelingt, ist es nicht so schlimm.

Baumwolle!) bereit, mit dem Sie Farbe abtupfen können, die etwa herabläuft. Das sollte sie zwar nicht, weil Sie nämlich eher trokken malen – aber man weiss ja nie...

Wichtig: malen Sie nie zu lange an einer Stelle herum. Sonst löst sich die Gelatine und es gibt einen wüsten Fleck.

Von Zeit zu Zeit sollten Sie das, was Sie gemalt haben, richtig betrachten. Dazu stellen Sie hinter die Bespannung eine Lampe. In der Durchsicht merken Sie, wo die Farbe noch zu dünn ist und zu wenig Leuchtkraft hat. Dort malen Sie mit etwas weniger verdünnter Farbe nochmals drüber – aber erst, wenn die erste Bemalung trocken ist!

Tip Nr. 4: an passenden Stellen sollten Sie mutig auch kräfige Farben auftragen. Das gibt der Laterne mehr Leben.

Ein guter Rat: manche Farben enthalten Lösungsmittel, die brennbar sind. Verzichten Sie daher aufs Rauchen, solange Sie malen. Atmen Sie die Dämpfe dieser Lösungsmittel nicht ein! Machen Sie gelegentlich Durchzug im Arbeitsraum – nur kurz, aber gründlich.

Wenn Sie die ganze Laterne bemalt haben, kommt ein wichtiger Moment: Sie müssen nun herausfinden, wie sie – von innen beleuchtet – auf Distanz wirkt. Wieder brauchen Sie das helle Licht, das Sie in die Laterne stellen. Gehen Sie so weit weg wie möglich und sehen Sie sich Ihr Werk ganz genau an. Sie werden dabei bemerken, dass hier und dort noch Retouchen notwendig sind. Sie bemerken aber auch etwas anderes: an Stellen, wo die Farben besonders kräftig sein sollen, sind sie nicht kräftig genug. Was tun? Diese Stellen müssen Sie «hintermalen». Dazu begeben Sie sich in die Laterne hinein (drum die Tiefe von mindestens 60 cm!). Mit dem gleichen Farbton, den Sie auf der Aussenseite verwendet haben, malen Sie nun diese Stelle auf der Innenseite. Kontrollieren Sie, wenn die Farbe trocken ist, wie diese Stelle nun wird. Vielleicht müssen Sie sogar zweimal hintermalen. Aber bitte immer erst, wenn der vorherige Anstrich getrocknet ist!

Zu einer richtigen Basler Laterne gehören natürlich auch die Laternen-Verse. Die können Sie am Schluss mit feinem Pinsel und dunkler Farbe malen. Kommen sie nicht so richtig zur Geltung, so müssen auch sie hintermalt werden. Laternenverse sind meistens Gemeinschaftsarbeit. Laden Sie Freunde ein, stellen Sie ihnen einen kräftigen Kaffee oder ein Glas Wein hin und lassen Sie sie dichten. Es ist erstaunlich, was ganz normale Leute angesichts einer Laterne an dichterischem Schwung entwickeln!

So. Jetzt ist Ihre Laterne fertig bemalt. Damit ist sie aber noch lange nicht fertig. Jetzt muss sie nämlich noch lackiert werden. Das gibt ihr nicht nur einen schönen Glanz. Das macht

Ein guter Trick: delikate Stellen, die hell oder weiss bleiben sollen, überklebt man mit passend ausgeschnittenem Abdeckband. Dann malt man ringsherum weiter. Wenn man daraufhin das Abdeckband ablöst, haben die hellen Stellen ganz scharfe Konturen, die man je nach Wunsch wieder mildern kann.

Zum Hintermalen der besonders farbig leuchtenden Stellen steigt der Laternenmaler in die Laterne hinein.

Laternenvärsli schreibt man mit einem feinen Pinsel auf die fertig gemalte Laterne.

sie auch wetterfest. Ob's regnet, schneit oder hagelt – der Lack schützt sie.

Zum Lackieren verwenden Sie am besten einen Kunstharzlack, den Sie im Fachgeschäft bekommen. Er muss so hell und klar sein wie möglich. Ferner brauchen Sie Lackpinsel. Lesen Sie genau die Gebrauchsanweisung auf der Lackdose! Lack lässt sich nämlich nicht mehr entfernen, ohne dass die Bemalung stark leidet. Die Lackpinsel müssen Sie während der Arbeit ein paarmal reinigen. Am besten tun Sie das, sobald eine Seite der Laterne fertig lackiert ist. Reinigen Sie den Pinsel immer, bevor Sie mit der nächsten Seite beginnen. Womit Sie ihn reinigen, hängt von der Art des Lacks ab. Im Fachgeschäft erfahren Sie's, und das richtige Reinigungsmittel bekommen Sie dort auch.

Beginnen Sie mit Lackieren ganz oben – auf der Oberkante. Dort darf kein Wasser in den Stoff ziehen können. Lackieren Sie zügig von oben nach unten. Die Innenseiten müssen Sie einmal lackieren, die Aussenseiten zweimal. So macht's Ernst Rudin, ein erfahrener Laternenmaler. Auch Lack enthält Lösungsmittel, die brennbar sein können. Einatmen sollten Sie die nicht. Tragen Sie den zweiten Anstrich mit Lack erst dann auf, wenn der erste völlig trocken ist. Warten Sie lieber ein paar Stunden mehr. Sie haben jetzt schon so lange an der Laterne gearbeitet, dass es auf ein paar Stunden mehr nicht ankommt.

Woran man rechtzeitig denken muss: wie bekommt man die Laterne aus dem Arbeitsraum hinaus? Am besten probiert man es aus, sobald der Rahmen gebaut ist. Dann kann man nötigenfalls noch immer etwas ändern.

Ebenfalls rechtzeitig bedenken und organisieren: den Transport der fertigen Laternen an den Besammlungsort. Kurz vor der Fasnacht sind Transportfahrzeuge rar!

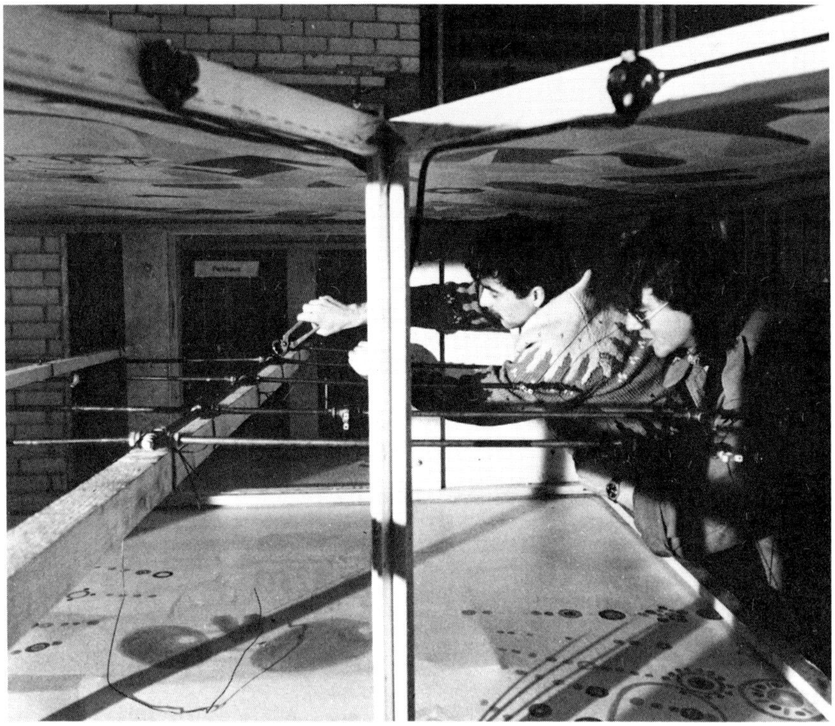

Die Beleuchtungseinrichtung einer grossen Laterne: hier mit Gasflammen. Es ist Anfängern davon abzuraten, sich ohne fachmännische Hilfe an eine solche Installation zu wagen. Sie muss sehr professionell entworfen, gebaut und verlegt werden.
Unsere Bilder zeigen, wie kompliziert so etwas ist. Mit Kerzen geht's etwas einfacher.

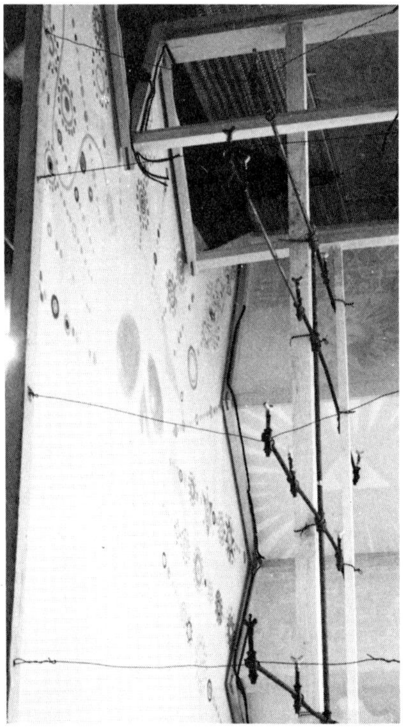

Es werde Licht – aber wie?

Nun kommt die Beleuchtung an die Reihe. Für Ihre erste Laterne eignen sich Kerzen am besten. Und zwar nicht irgendwelche Kerzen, sondern Kerzen aus einem Material, das nicht tropft. Sie sind etwas teurer als gewöhnliche Paraffinkerzen, dafür brennen sie aber länger und lösen sich in der Wärme nicht auf. Im Innern einer Laterne kann es nämlich schön heiss werden! Besonders oben, wo die ganze Hitze zusammenkommt. Dort brennen die Kerzen wesentlich rascher ab als unten.

Erfahrene Fasnächtler probieren ihre Laternen erst in Ruhe aus, bevor sie mit ihr auf die Gass' gehen. So können sie feststellen, wie lange die Kerzen brennen, und dann einen genügenden Vorrat mitnehmen. Meistens braucht man dann aber mindestens anderthalbmal so viel, wie man beim Probieren herausgefunden hat. Probieren muss man auch in Ruhe, wie man abgebrannte Kerzen wegnimmt und neue Kerzen einsetzt. Und ebenfalls muss man üben, wie man die Kerzen anzündet. Am besten tut man das mit einem Stab, an dem vorne eine Kerze befestigt ist, mit der man die Kerzen in der Laterne in Brand setzt. Kluge Leute befestigen den Stab an der Laterne so, dass sie ihn unterwegs sofort bei der Hand haben.

Steckenlaternen und Kopflaternen gehören ebenfalls zur Fasnacht. Man macht sie genau so wie grosse Laternen, nur kleiner. Kopflaternen sollten so leicht wie möglich sein, ohne dass die Solidität darunter leidet. Also verwendet man leichteres Material für das Gestell. Im Do-it-yourself-Laden findet man es. Dort kann man sich auch erkundigen, wenn man selber nicht drauskommt. Es hat in jedem solchen Laden mindestens eine Persönlichkeit, die drauskommt. Meistens ist diese Persönlichkeit selber Fasnächtler.

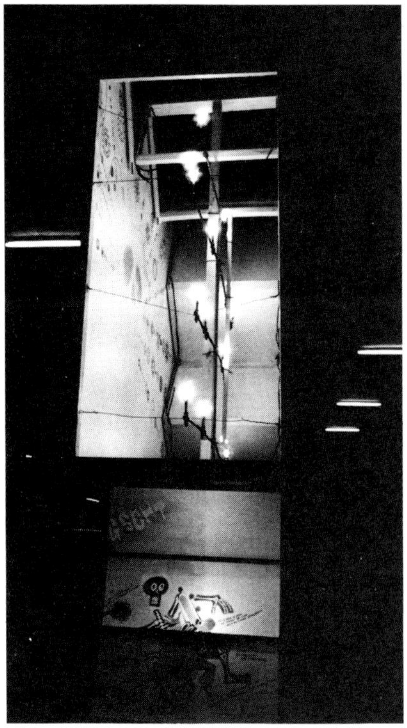

Ein schweres Problem: die gewichtigen Gasflaschen. Kerzen sind leichter... brauchen aber Latten und Halterungen, die auch ins Gewicht fallen.

Die Beleuchtung vor dem Morgenstreich ausprobieren. Die gleichmässige Ausleuchtung kontrollieren und sicherstellen, dass die Flammen dem Stoff oder dem Gestell nirgends zu nahe kommen.

▶
Kopflaternen beleuchtet man am besten elektrisch, mit kleinen Birnen und Batterien. Den Ausschalter nicht vergessen, damit man das Licht abstellen kann. Das spart bei Pausen Batteriestrom.

Rumpel

In Stecken- und Kopflaternen kann man elektrische Beleuchtung einbauen. Man braucht nicht so viel Licht, weshalb Batterien ausreichen. Nicht vergessen: Reservebatterien und Reservelämpchen mitnehmen! Und einen Schalter einbauen, damit man die Laterne abstellen und Batterie sparen kann. Es gibt übrigens auch Lämplein mit Blinkeinrichtung, mit denen man fröhliche Effekte erreicht. Und farbige Lämplein gibt's auch. Schlimmstenfalls taucht man farblose Lämpchen in farbigen Lack, wenn man sie nicht fertig im Laden finden kann.

Steckenlaternen werden oft sehr misshandelt. Das bedeutet: sie müssen sehr, sehr solid gebaut sein. Nicht mit Material sparen, wenn's um die Solidität geht! Da Steckenlaternen meistens jahrelang verwendet werden, verteilen sich die Kosten.

Ein guter Rat: für Kopf- und Steckenlaternen eignet sich Kerzenbeleuchtung nicht. Sie werden oft sehr stark bewegt, und da ist die Gefahr gross, dass die Kerzenflamme zu nahe an die Bespannung kommt und sie entzündet. Elektrische Beleuchtung ist viel besser.

Ein ganz wichtiges Kapitel suchen Sie leider vergeblich: nämlich was Sie auf Ihre Laterne draufmalen sollen. Das müssen Sie ganz und gar selber herausfinden. Wir können Ihnen nur sagen, wie Sie's malen sollen. Was Sie malen – das ist Ihre Sache, und die Ihrer Mitfasnächtler. So ganz unter der Hand sei aber verraten: es kann sicher nicht schaden, wenn Sie Laternen anderer Leute genau ansehen. Zum Beispiel in dem Buch «Basler Fasnachts-Laternen» von Dorothea Christ und Peter Zepf, das die Spezi-Clique 1980 herausgab. Oder in den Zeitungen vom Vorjahr, in denen ja Laternen in grosser Zahl zu finden sind. Aber lassen Sie sich nur inspirieren – kopieren Sie bitte nicht! Fasnächtler haben nämlich ein gutes Gedächtnis und finden es nicht besonders lobenswert, wenn sie eine Laterne sehen, die sie bereits einmal gesehen haben...

◀
Das schönste an den Laternen ist ihre Vielfalt. Laternen von der Hand grosser Künstler gehören ebenso zur Fasnacht wie Kinderlaternen.

▶
Die Laternenausstellung auf dem Münsterplatz: Jeder Laternenmaler betrachtet dort kritisch, was und wie die Andern gemalt haben. So kann man viel lernen.

Rudolf Suter

Das Wort an der Fasnacht

Die Fasnacht besteht nicht nur aus der optischen Präsentation der Cliquenzüge und Einzelmasken, nicht nur aus den musikalischen Darbietungen der Tambouren, Pfeifer und Guggenmusikanten, sondern zu einem grossen Teil aus heiterer bis überbordender Geselligkeit der aktiven Fasnächtler unter sich und aus der Kommunikation zwischen aktiven und passiven Fasnächtlern. Solche Kommunikation basiert zur Hauptsache auf dem Wort.
Das improvisierte, das spontane Wort beherrscht das gewöhnliche Gespräch und die fasnächtliche Sonderform des Intrigierens; das nicht improvisierte, das bewusst gestaltete Wort hingegen erscheint in den Fasnachtszeitungen, in den Cliquenzeedeln, in den Schnitzelbankversen und in den Laternensprüchen. Soll ein zündender Funke vom «Produzenten», vom «Dichter» also, überspringen auf den «Konsumenten», das heisst den Leser, den Zuschauer und Zuhörer, dann muss das Wort auf bestimmte Weise gestaltet sein. Hinter der Gestaltung müssen Geist und Witz stehen – sie sind leider weder lern- noch lehrbar. Darum können meine paar Ausführungen kein Rezept zur Erlangung dieser beiden Eigenschaften sein. Sie wollen lediglich zum sorgfältigen Umgang mit der Sprache hinführen, weil immerhin nur über das Medium der Sprache allfällig vorhandener Geist und Witz vermittelt werden kann.

◀
Die Intrigiererin hat ein Opfer gefunden – noch lächelt es amüsiert...

▼◀
Waggisse intrigieren, d.h. betreiben verbale Kommunikation mit dem Publikum am Strassenrand.

Das Intrigieren

Das fasnächtliche Intrigieren besteht darin, dass der kostümierte Fasnächtler einen nichtkostümierten (den er kennt oder auch nicht kennt) «auf die Rolle schiebt», ihm Untugenden, Eigenheiten oder Handlungen vorhält – je geheimer diese sind, desto besser. Die günstigste Voraussetzung für eine geglückte «Intrige» ist natürlich möglichst gute und detailreiche Kenntnis des Opfers. Vom Intrigierten anderseits wird erwartet, dass er nicht einfach stumm sein Sündenregister anhört, sondern dass er schlagfertig repliziert und zudem herauszufinden versucht, wer aus seinem Verwandten-, Freundes- oder Bekanntenkreis der Intrigierende sein könnte. – Die stets drohende Gefahr des Erkanntwerdens und der allgemeine fasnächtliche Verhaltenskodex verlangen vom Intrigierenden freilich, dass er gewisse Grenzen nicht überschreitet; plumpe Blossstellung und kommune Schimpfwörter, aber auch billige Allerweltsschlötterlein, die auf jedermann zutreffen können, haben beim guten Intrigieren nichts zu suchen.

Duell mit ungleichen Spiessen

Das Intrigieren ist ein Duell mit verschieden langen Spiessen; der Intrigierende ist eindeutig im Vorteil; diesen soll er zugunsten des Intrigierten durch ein gewisses Taktgefühl ausgleichen.

Wie man das Erkanntwerden verhindert

Will der Intrigierende nicht erkannt werden, darf er keine Geheimnisse ausplaudern, die nur ihm und dem Opfer bekannt sind. Vor allem aber muss er vermeiden, sich durch seine Alltagsstimme, besondere Redewendungen oder bestimmte Bewegungen zu verraten. Selbstverständlich müssen alle typischen Körpermerkmale durch Kostüm, Larve und Perücke verdeckt sein – Zähne, Mund, Ohren, Augen, Hände. Just die Hände sind besonders verräterisch; am besten ist es, man versteckt sie in Handschuhen oder lässt wenigstens seine Fingerringe zu Hause.

Rückgang des Intrigierens

Leider ist das gute Intrigieren in den letzten Jahrzehnten immer stärker zurückgegangen. Es ist eben stets schwieriger geworden, im ständig dichter werdenden Fasnachtsgetümmel einer Beiz oder gar auf der Strasse gute Bekannte oder Prominenzen auszumachen. Zudem wird man als Einzelmaske häufig auf blöde Weise von «Zivilisten» angerempelt: *«Mach doch emool d Schnùùren ùff, du dùmme Siech!»*
Dennoch: es ist ein einzigartiges Gefühl, wenn man unerkannt jemand frech und heiter hochnehmen kann, zumal wenn man den Betroffenen nicht sonderlich mag. – Im Intrigieren hat sich noch etwas vom uralten «Rügerecht» der Maske erhalten. Es sollte nicht völlig untergehen!

Der Schnitzelbank

Der Schnitzelbank, hervorgewachsen aus der alten Bänkelsängertradition, hat seine heute übliche Form erst im 20. Jahrhundert bekommen. Seinen qualitativen Höhepunkt dürfte er in den 1960er und 1970er Jahren erreicht haben. – Der Schnitzelbank besteht aus mehreren Strophen, die von einem, zwei oder mehreren Schnitzelbänklern gesungen und mit bildlichen Darstellungen untermalt oder in ihrer Wirkung optisch gesteigert werden.

Der Text

Das A und O eines Schnitzelbanks ist der Text, das Wort also. Der Text wird rhythmisch nach der gewählten Melodie gestaltet. Jede Strophe besteht aus mindestens zwei Versen (Zeilen), kann aber auch mehr, bis zu acht, umfassen, gegebenenfalls noch mit einem Refrain garniert sein, den die Zuhörer möglicherweise mitsingen. Jede Strophe ist einem besonderen Sujet gewidmet und gipfelt in einer Schlusspointe, die überraschen soll und nicht schon vorher verraten werden darf.

Erarbeitung des Texts

Der Dichter muss, bevor er zu schreiben beginnt, die Pointe, das heisst eine nicht auf der Hand liegende witzige oder absurde Gedankenverbindung aushecken. Es genügt also nicht, irgendeine kritikwürdige Begebenheit einfach zu erzählen; vielmehr kann sie zwar berichtet, muss dann aber zum Schluss mit einem anderen Thema konfrontiert werden. Erst eine solche Konfrontation erzeugt die komische Wirkung; das Absurde ist es, was den Zuhörer zum Lachen bringt. – Unnötig zu sagen, dass grobe Schimpfwörter oder Obszönitäten an und für sich keinesfalls lustig sind. Sie haben in einem qualitätsvollen Schnitzelbank nichts verloren. Das heisst allerdings nicht, dass nicht gelegentlich ein «wüstes Wort» oder eine schicklich verpackte Unanständigkeit vorkom-

men darf – doch der eigentliche Witz muss die Hauptsache bleiben. Ferner sollte der noch ungeübte Schnitzelbänkler vermeiden, die seit Jahren wiederkehrenden stereotypen Sujets – wie der Zürcher mit seiner grossen Gosche oder der penetrante «Schwoob» – aufzugreifen. Nur Könner dürfen sich solches noch leisten, wenn sie einem derartigen Sujet eine überraschende neue Seite abzugewinnen in der Lage sind.
Nach der Erarbeitung der «Witzstruktur» kommt die eigentliche Formulierung, die an das sprachliche Können höchste Ansprüche stellt. Der Satzbau muss, um von den Zuhörern rasch begriffen zu werden, einfach, die Wortwahl präzis und auf komische Wirkung bedacht sein, zumal bei längeren Strophen, die durchaus vor der Schlusspointe auch Wortwitze (z.B. Kalauer) und Neben- oder Binnenpointen aufweisen dürfen, ja sogar sollen.

▶
Comité-Schnitzelbänkler (hier noch im einstigen Jurylokal Musiksaal) werfen ihre Zeedel mit den Schnitzelbankversen ins Publikum.

▶▶
Ein berühmter Einzelschnitzelbänkler in Aktion. Kostüm, Larve, Helgen, Verse, Vortrag und Instrumentaluntermalung bilden eine überzeugende Einheit.

Der Vortrag

Fast das gleiche Gewicht wie der Inhalt hat der Vortrag. Es leuchtet ein, dass auch die besten Verse, wenn sie rein akustisch vom Zuhörer nicht verstanden werden, nicht ankommen. Allergrösste Aufmerksamkeit ist demnach der Deutlichkeit des Vortrags zu schenken. Verständlichkeit wird u.a. dadurch erzielt, dass alle Konsonanten (Mitlaute) gut, das heisst fast übertrieben prononciert ausgesprochen und dass unbetonte Endsilben nicht verschluckt werden.

Heikle Mehrstimmigkeit

Der Einzelsänger hat selbstredend weniger Schwierigkeiten mit der Diktion als zwei und mehr Sänger. Denn bei einer Mehrzahl von Sängern ist es unerlässlich, dass sie akustisch vollständig übereinstimmen, dass also keine akustischen Interferenzen entstehen, die die Klarheit des Vortrags trüben – dies gilt für einstimmigen Gesang so gut wie für zwei- oder dreistimmigen. Gewiss ist es erfreulich, wenn eine Bänklergruppe einen mehrstimmigen Vortrag wählt; in diesem Fall sollte aber nicht falsch gesungen werden, weil nämlich auch falsche Töne den Zuhörer vom Inhalt ablenken können. Der Bänkler muss ganz generell stets daran denken, dass der Zuhörer im Gegensatz zu ihm selbst eine Strophe nur ein einziges Mal hört, ohne zuvor die geringste Ahnung von Formulierung, Inhalt und Pointe zu haben; er muss sich beim Zuhören aufs äusserste konzentrieren. Jede gesangliche Unstimmigkeit und jede Undeutlichkeit können diese Konzentration stören oder gar zunichte machen.

Melodie

In der Wahl der Melodie ist der Schnitzelbänkler völlig frei – es gibt an der Fasnacht keine Urheberrechte. Er kann entweder eine der zwei, drei «klassischen» Schnitzelbankmelodien wählen oder

diejenige einer ehemaligen, nicht mehr auftretenden Bänklergruppe. In diesem Fall setzt er sich freilich dem Risiko aus, dass sein Bank mit dem seines Vorbildes verglichen wird. Einer Schnitzelbankmelodie können auch Schlager, Volkslieder oder sogar Choräle zu Gevatter stehen. Nebstdem sind eigene Kompositionen möglich. Unter allen Umständen darf die Melodie aber nicht zu kompliziert sein; sie sollte der Einfachheit des Satzbaus entsprechen. «Kunstgesang» wäre fehl am Platz.

▶
Schnitzelbänkler mit Helgenträger in einer Beiz.

▶▶
Dreiköpfige Schnitzelbänklergruppe beim Vortrag in überfüllter Wirtsstube.

Instrumentalbegleitung

Es hat sich in den letzten Jahrzehnten bei manchen Bänklern der Brauch entwickelt, ihren Gesang mit einem Instrument – meist Gitarre, gelegentlich auch eine originelle Eigenkonstruktion – zu untermalen, was zweifellos zur guten Rundung beiträgt. Doch darf dabei das Instrument nicht allzu stark dominieren. – Dies gilt übrigens auch für anderes Beiwerk und insbesondere für den «szenischen» Ablauf des Singens: Heftige Gebärden, fahrig-unruhiges Wesen, Faxen usw. beeinträchtigen die Wirkung. Bewegung des Körpers ist zwar erlaubt, aber nie während des eigentlichen Singens, sondern nur während akustischer Pausen.

Helgen

Zu jeder Strophe eines normalen Schnitzelbanks gehört eine bildliche Darstellung, der sogenannte Helgen. Die Helgen werden in der Regel auf ein tragbares T-förmiges Gestell montiert, so dass sie nach jeder Strophe rasch gewendet werden können. Der Helgen sollte nicht einfach eine Illustration sein, sondern die gesungene Pointe verstärken. Das ist natürlich einfacher gesagt als getan. Eines aber muss man sich merken: der Helgen darf keinesfalls den Schlusseffekt der Strophe vorwegnehmen und dadurch zum «Pointentöter» werden; im Idealfall enthüllt sich der vollständige Sinn des Helgens erst beim Singen der Schlusspointe.
Die Helgen können in allen möglichen Techniken gemalt bzw. gezeichnet bzw. geklebt sein. Nicht die künstlerische oder handwerkliche Perfektion macht seine Güte aus, sondern – wie bei der Wortformulierung – die klare Erkennbarkeit und natürlich die Witzigkeit des Bildeinfalls. Damit die ganze Kraft des Helgens ausgeschöpft wird, muss er vor dem Beginn des Singens in aller Gemächlichkeit gezeigt werden. Dies kommt der Konzentration beim Anhören der danach gesungenen Strophe zugute.

Kostüm

Die Zeiten sind längst vorbei, da die Schnitzelbänkler in beiläufig zusammengestoppelten Kostümen auftraten. Heute erwartet man von ihnen ein gut ausgedachtes, womöglich originelles, in jedem Fall gepflegtes Kostüm, das der Qualität von Wort, Vortrag und Bild angemessen ist.

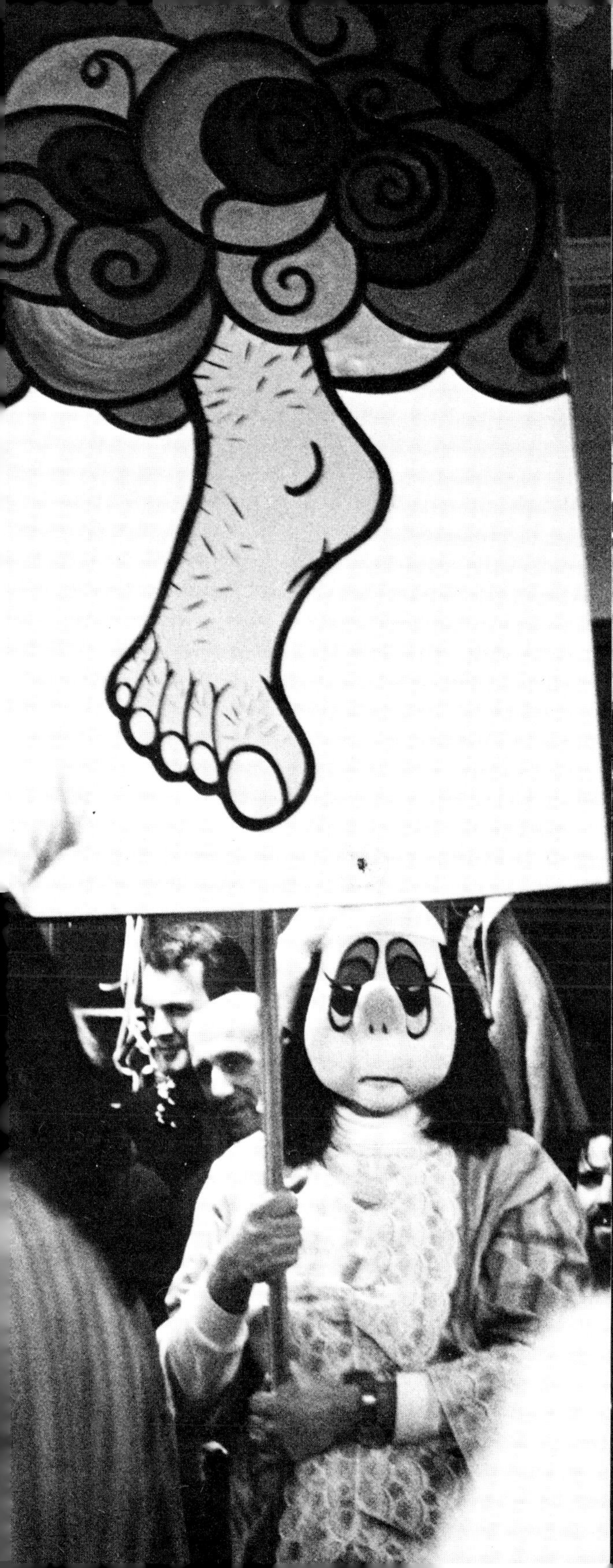

Besonderes Augenmerk verdient die Larve. Ähnlich wie die Pfeiferlarve, ist sie über dem Mund ausgeschnitten, denn eine Voll-Larve würde die Stimme nur ungenügend hinausdringen lassen. Im Unterschied zur Pfeiferlarve jedoch muss der Ausschnitt über dem Mund sehr gross sein, damit der Gesang in voller Deutlichkeit ertönen kann; dabei ist es am besten, wenn die Larve über der Oberlippe an der Haut anliegt, damit nicht unter der Nase ein Hohlraum entsteht, der als unerwünschte und die Akustik mindernde Resonanzhöhle wirken würde.

Larve

Erst das Zusammenspiel all dieser Faktoren, von denen jeder einzelne sorgfältig beachtet werden muss, ergibt die Gesamtwirkung eines Schnitzelbanks. Er ist also eine Art von Gesamtkunstwerk. Gleichwohl, sein Kristallisationspunkt ist und bleibt das Wort.

Synthese aller Elemente

Der Cliquenzeedel

Im Unterschied zum Schnitzelbank ist der Cliquenzeedel kein Gesamtkunstwerk, sondern nur ein Bestandteil eines solchen, nämlich dessen, was eine Clique mit Laterne, Kostüm, Larve, Requisit, überhaupt mit der ganzen Zugsgestaltung als Sujet ausspielt. Der Zeedel ist gewissermassen der verbale Kommentar des ausgespielten Sujets.

Quantität und Qualität

Die Zeedel werden in x-tausend Exemplaren gedruckt und während des nachmittäglichen Cortèges am Montag und am Mittwoch an die Zuschauer verteilt. Ihre Gesamtheit kann jeweilen gebündelt an der Laternenausstellung erworben werden.
Während der Schnitzelbank heute punkto Verse und Witz im Durchschnitt auf einem beachtlichen Niveau steht, ist hohe Qualität bei den Zeedeln viel spärlicher vertreten und wird bei weitem von der Quantität übertroffen. Von gegenwärtig etwa 280 Zeedeln pro Fasnacht sind vielleicht zehn bis zwanzig sehr gut oder gut, fünfzig anständiges Mittelmass, der Rest eher ungenügend – falls man Zensuren austeilen müsste. Von diesem Sachverhalt können sich freilich nur die paar wenigen Leute ein Bild machen, die an jeder Fasnacht sämtliche Zeedel lesen. Wir gestehen zu: die Zeedel sind seit dem Zweiten Weltkrieg ständig besser geworden, allerdings zur Hauptsache nur in Sprache und Schreibung, weit weniger in Witz, Präzision und Sujetkonformität.

Zu lange Zeedel

Mancher Zeedel wäre viel geniessbarer, wenn er kürzer wäre. 120 oder gar 150 Zeilen nimmt man höchstens bei einem guten in Kauf. Lange Bandwürmer schrecken im vornherein von der Lektüre ab – dabei haben die Zeedel doch wirklich nur einen Sinn, wenn sie auch gelesen werden. Die zu grosse Länge hängt meistens damit zusammen, dass sich der Zeedeldichter nicht streng

IM
ERZELLE – TROTZ

◀
Kurz vor der Fasnacht werden im Bürgerlichen Waisenhaus x-tausend Cliquenzeedel zu Bündeln gerollt, die dann an der Laternenausstellung zum Verkauf gelangen.

◀◀
Verteilung der Fasnachtszeedel vom Wagen herab – ob sie danach alle auch gelesen werden??

ans Sujet hält, sondern alles Mögliche mitverwurstet, das weder mit der Sache zu tun hat noch in Verbindung mit ihr einen lustigen Bezug ergibt. Besonders mühsam ist es, wenn die «Dichtung» in den allgemeinen Lobpreis der Fasnachtslust einmündet oder in eine Wehklage über den Niedergang der Fasnacht oder auch in die banale subjektive Feststellung, dass dem Dichter das «Värslibrinzle» stinke. – Ein Beispiel für einen solchen nichtssagenden Abschluss möge genügen:

Dä Zeedel han i gschriibe mit Schmäärze.
Gäll, Beppi, nimmsch der en e bitzli z Häärze.
Jetz mues i mi aber uff d Faasnacht bsinne,
sunscht fang i au no afo spinne.
Jetz isch is wuurscht dä graui Himmel;
mir haue s ab in s Faasnachtsgwimmel.
Mir leen is nit nää die drei scheenschte Dääg.
An der Faasnacht sinn alli Beppi zwääg.
Drum wiirsch au duu begryffe:
mir geen jetz alli uff d Gass go pfyffe.

Banaler und dürftiger geht's nicht mehr!

Auch beim Zeedel gilt wie beim Schnitzelbank: blosses Erzählen eines zum Sujet erkorenen Sachverhalts genügt nicht; das Sujet muss in witzige und überraschende Konfrontation mit anderen Motiven gebracht werden.

Optische Gliederung

Ein Zeedel wird besser lesbar, wenn er optisch gegliedert ist. Besteht er aus einzelnen Strophen, so ergibt sich die Gliederung von selbst. Weist er keine Strophen auf, dann sollte er wenigstens in mehrere Abschnitte unterteilt sein, die einigermassen der gedanklichen Unterteilung entsprechen.
Wie der Schnitzelbankdichter, so tut der Zeedelverfasser gut daran, ehe er mit dem Versedrechseln beginnt, den gedanklichen Ablauf samt den jeweiligen Pointen-Ideen zu skizzieren. Dies bewahrt ihn davor, während der Ausarbeitung den Faden zu verlieren und nichtssagendes Beiwerk zu fabrizieren.

Leichte Lesbarkeit

Der Zeedel wird im Unterschied zum Schnitzelbank nicht vorgetragen, er ist ausschliesslich Lesestoff. Daher muss dem Leser die Lektüre so leicht wie möglich gemacht werden; dies geschieht 1. durch eine klare, verständliche Sprache, 2. durch möglichst einfachen Satzbau, 3. durch einen flüssigen, rhythmischen Lauf der Verse, 4. durch eine sinnvolle und konsequente Dialektschreibung. Von diesen Punkten wird noch die Rede sein.

dä Kater dänggt nit an's Muuse –
dä will au nur no ummeschmuuse
und doo hett's grad no Pla
fir e diggi Katz

Dr Schlootgott Hypnos lullt ys y
dr Woytila dä hilft derby

◀
Ungattiges Detail auf einer Laternen-Seitenwand.

▼◀
«Diirliväärsli» am Diirli der Laternen-Schmalseite.

Die Laternenverse

Eine besondere Gattung der Fasnachtspoesie bilden die Laternenverse oder -sprüche. Sie werden meist angesichts der vom Künstler vollendeten Laterne gedichtet und haben direkten Bezug sowohl auf den Bildergehalt der Laterne als auch auf das Sujet insgesamt.

Gereimte Zweizeiler

Es handelt sich in der Regel um gereimte Zweizeiler, und sie zeichnen sich im Idealfall durch lapidare Formulierung und verblüffende Prägnanz aus. Sie bringen u.a. die karikierten Figuren zum Sprechen oder glossieren ein Laternendetail. Sie sind also weit mehr als graphische Dekorationen. Auch sie erschliessen sich einzig durch Lesen; darum sollten sie nicht nur vom Laternenmaler leserlich geschrieben bzw. gemalt, sie müssen auch eingängig sowie rhythmisch und sprachlich perfekt formuliert sein. – Sie können in angeregter Weissweinrunde von mehreren Poeten zugleich oder von einem einzelnen in stiller Versunkenheit oder vom Laternenmaler selbst produziert werden; jedenfalls sind sie für eine gute Laterne das Tüpfelchen auf dem i.

«Türverse»

Während sich die Verse auf der Vorder- und auf der Rückseite der Laterne auf das Sujet beziehen müssen, können die Verse (oder gelegentlich auch Prosatexte) auf den beiden Schmalseiten der Laterne, die sogenannten *Diirliväärs* (Türverse), auch sujetfremde oder doch sujetferne Inhalte aufweisen; sie können zudem cliqueninterne Geheimnisse preisgeben oder einzelne Cliquenmitglieder hochnehmen.

Kleine Fasnachtspoetik

Poetik nennt man die Lehre vom Vers bzw. vom Gedicht. Aber wohlverstanden: durch das Studium einer Poetik wird noch niemand zum Dichter; Geist, Witz, Phantasie muss der Fasnachtsdichter selber aufbringen. Die Poetik beschränkt sich bloss auf das Handwerkliche, das aber immerhin eine wichtige Mitvoraussetzung für einen zündenden Schnitzelbank, einen attraktiven Zeedel oder einen frappanten Laternenvers ist. Im Handwerklichen gelten für die Fasnachtsliteratur dieselben Gesetze wie für die seriöse, gehobene Dichtung, wenigstens im Bereich von Rhythmus und Reim.

Vers und Strophe

Die einzelne Zeile eines Gedichts nennt man Vers; die in gleicher Form wiederholten Versgruppen heissen Strophen.

Rhythmus und Takt

Jeder Vers hat einen bestimmten Grundrhythmus, der gegebenenfalls variiert werden kann, hierin der Musik verwandt. Der Rhythmus entsteht durch die Abfolge von betonten und unbetonten Silben. Die betonte Silbe nennt man auch Hebung (weil sich beim Sprechen die Stimme hebt), die unbetonte Senkung. Die Abfolge von Hebungen und Senkungen ergibt – wiederum wie in der Musik – ein Taktschema.

Am häufigsten ist in unseren Breiten, so auch in der Fasnachtspoesie, der vier Takte (also auch vier Hebungen) umfassende Vers, wie wir ihn ja aus so manchen Volksliedern kennen:

Dieser Zweivierteltakt-Rhythmus wirkt ziemlich ruhig und eignet sich für eine fortlaufende Erzählung.

Dasselbe vierhebige Taktschema lässt sich aber auch noch lebendiger füllen, z.B.:

Der Rhythmus hat nun einen hüpfenden, unaufhaltsamen Charakter bekommen.

Die beiden obigen Beispiele sind gekennzeichnet durch einen unbetonten Auftakt, also eine unbetonte Silbe oder Senkung am Versbeginn. – Ihr Charakter wird in Richtung einer gewissen Härte und Unerbittlichkeit verändert, wenn der Vers ohne Auftakt, sondern gleich mit einer betonten Silbe einsetzt:

Oder:

Eine weitere Stimmungsveränderung ergibt sich, wenn der Vers zweisilbig anstatt wie in den bisherigen Beispielen einsilbig ausklingt, also weich statt hart:

Die Versausgänge können auch abwechselnd weich und hart sein, was eine gewisse lebendige Eleganz erzeugt, z.B.:
Hyyser steen im Gellert oobe,
Hyyser steen im Dalbedaal;
Gwiis, die ainte kaa me loobe –
doch die andre sinn fadaal.

Verschiedene Verslängen

Wenn wir den vierhebigen Vers um einen oder noch mehr Takte verlängern, ergibt dies eine Tendenz zum Feierlichen, Getragenen hin.

Fünfhebiger Vers:
Hyyser steen im stille Gellert oobe.
Hyyser steen im dunggle Dalbedaal.

Sechshebiger Vers:
Scheeni Hyyser steen im stille Gellert oobe.

Siebenhebiger Vers:
Scheeni groossi Hyyser steen im stille Gellert oobe.

Solche Langverse erheischen aber eine sorgfältige Wortwahl; besteht nämlich die Substanz bloss aus klingendem und nichtssagendem Füllmaterial, dann wirkt der Langvers eintönig und ermüdend. Nur Könner sollen sich an ihn wagen. Als gutes Beispiel zitiere ich eine kurze Partie mit sechshebigen Versen aus einem hervorragenden Zeedel der Fasnacht 1986 (Sujet Mozart-Film):
...So isch die Story nit nur wiescht, verdoorbe-schuurig.
S git Häärz und Schmäärz, dass jeedes Girl am Duume lutscht.
Und kiibelwyys wird pflännt, soo isch s aim himmeldruurig,
wenn d Amadeeus-Lyyche samft vom Kaare rutscht...

Beibehaltung des Grundrhythmus'

Das gewählte rhythmische Schema sollte den ganzen Zeedel hindurch mehr oder weniger beibehalten werden, weil der Leser ja nicht ständig «Trittwechsel» vornehmen möchte. – Wie man es keineswegs machen soll, zeigt der folgende Zeedelausschnitt mit seinen von Vers zu Vers wechselnden rhythmischen Strukturen und dazu mit vielen Holperstellen (Fasnacht 1987):
...Duu bisch yych und yych bii duu,
Miir sinn Stai, Blueme, Glaas und Känngurun,
Lieb Veegeli, wie lang kaasch no pfyffe.
Dooti Fischli im Rhyy hämmer noonig begriffe,
Das sinn alles kaini erfundene Fyysimatänte.
Letschti Wuchen im Rhyy fuffzig dooti Änte.
S haisst immer, dass es Schlimmers git.
S syyg nur e bitzeli und s miech jo nyt.
Und der dooti Wald
Losst is jo fascht alli kalt...

Beim gleichen Sujet (Fischsterben im Rhein nach dem Brand in Schweizerhalle am 1. November 1986) kommt ein anderer Zeedeldichter mit einem ausgewogenen fünftaktigen Vers viel eleganter zurecht:

... De kenntsch – uff dytsch gsait – z Baasel doo verregge.
Die groosse Heere mien sich nit verstegge.
Denn dääne kaasch du nit an Kaare faare.
Am beschte wäär s fir dii, do d Rue z bewaare.
I mues das saage doo, so druurig s isch:
S het, solang s het, syg s Umwält, Veegel, Fisch...

Der Endreim

In der Regel werden zwei, gelegentlich mehr Verse durch Endreime akustisch zusammengebunden, z. B.:
Deert am Egge stoot e Maa,
luegt mi fascht wie gstochen aa.

Oder:
Die Zytig sott me graad verbiete,
denn d Redaggzioon bistoot us Niete.

Der korrekte Endreim ist dadurch gekennzeichnet, dass die miteinander reimenden Versschlüsse vom letzten betonten Vokal an lautlich identisch sind – im ersten Beispiel mit einsilbigem Versausgang: *M aa – n aa*, im zweiten Beispiel mit zweisilbigem Versausgang: *b iete – N iete.*

Ausgesprochen fad oder auch unschön ist es, wenn die lautliche Übereinstimmung bereits *vor* der betonten Endreimsilbe beginnt, z. B.:
Was isch denn mit däm Maa doo loos?
I glaub, dä Kaib isch aarbetsloos.

Noch phantasieärmer wirkt es, wenn zwei auch inhaltlich identische Wörter aufeinander reimen, z. B.:
Was isch das fir en alti Frau?
I glaub, das isch e Bättelfrau.

Selbstverständlich gibt es Ausnahmen, die die Regel bestätigen, etwa die Verse aus einem Schnitzelbank des frühen 19. Jahrhunderts:
Isch das nit e Spaaledoor?
Doch, das isch e Spaaledoor!

Es ist, gerade in einem Produkt der heiteren Muse, durchaus erlaubt, auch dreisilbige Versausgänge aufeinander reimen zu lassen, z.B.:
Zwische Baasel und Dillige
duet sich männg Dänggmool enthillige.

Oder:
Het s donnered und gwittered,
het d Wettstaibrugg fescht zittered.

Man beachte aber auch hier, dass vor dem ersten betonten Vokal des Endreims unterschiedliche Konsonanten stehen, nämlich im ersten Beispiel *d* und *h*, im zweiten *w* und *z*.

Schüttelreim

Reizvoll ist es gelegentlich, einen Schüttelreim einzufügen. Dessen Eigenheit besteht darin, dass die Anlaute der doppelten Reimwörter miteinander vertauscht werden:

Und kalgguliert me d Waare spitzig,
wiird zletschtamänd no s Spare witzig.

Oder:
S Volgg waarted, bis die Grattel-Sieche
schwaissig-nass vom Sattel grieche.

Oder:
Frie weggt aim am Moorge sacht,
Was aim am maischte Soorge macht.

Oder:
Und waas mir hit als Aanig blaane,
kunnt sälten an e Blaanig aane.

Binnenreim

Eine lustige Wirkung können ferner gut plazierte sogenannte Binnenreime zeitigen, sofern sie sich nicht bis zum Überdruss häufen. Binnenreime sind Partien innerhalb des Verses, die lautlich an den Endreim anklingen oder vollständig mit ihm übereinstimmen:
...und d Ritter mit de Rittere
by Gwitter bitter zittere...
...er wättered: «Brotäscht – Inzäscht!»
Das git em Graaf im Näscht der Räscht.

Oder:
Gsiisch blaich im Moondliecht, in däm waiche,
e soon e Schaich an d Aiche saiche.

Schliesslich lässt sich mit den verschiedenen Bedeutungen eines und desselben Wortes jonglieren, in Verbindung mit einem Binnenreim:
Sunscht fliegt ain vo de drischte Pyschte-Grischte,
wo mit're Kischte (Rausch) *d Kischte* (Auto) *faart, in d Kischte* (Gefängnis).

Allerdings, solche Klang-, Reim- und Bedeutungsspielereien dürfen nicht in Masse auftreten, sonst verlieren sie ihre Wirkung. Sie sollten etwa so sparsam verwendet werden wie die Rosinen für den Gugelhopf.

Reinheit der Reime

Sehr oft wird die Reinheit der Reime vernachlässigt – sehr zu Unrecht, denn sie erhöht ganz wesentlich die Les- bzw. die Hörbarkeit der Verse. Reinheit bedeutet vollkommene lautliche Übereinstimmung der reimenden Versausgänge, wobei sich die Übereinstimmung sowohl auf die Vokale (Selbstlaute) als auch auf die Konsonanten (Mitlaute) erstreckt.

Vokale

Bei den Vokalen ist auf deren Länge bzw. Kürze sowie Klangfarbe zu achten. Vokalisch unreiner Reim findet sich im folgenden Zeedelzitat:
Mer sueche scho lang ùmme
ùnd suugen amene Duume.
Offenes, kurzes *ù* passt nicht zu langem, geschlossenenm *uu.* (Zudem stimmen auch die Konsonanten *mm* und *m* nicht miteinander überein.) – Korrekturmöglichkeiten:
Mer sueche scho lang ùmme
ùnd blyybe dòch die Dùmme.

Oder:
Mer dien is aarg versuume
ùnd suugen ame Duume.

Im gleichen Zeedel reimt sich *ligge* (liegen) auf *kygge.* Der Dichter hat überhört, dass *ligge* ein kurzes, offenes *i*, hingegen *kygge* ein kurzes, geschlossenes *i* (geschrieben *y*) hat – ganz abgesehen davon, dass man korrekt baseldeutsch *liige* und nicht *ligge* sagt. – Ebenso schlecht reimen sich *git* (gibt) und *nyt* (nichts), *sòtt* (sollte) und *loot* (lässt).

Konsonantisch unrein sind Reimpaare wie: *Reemer/scheener, Äärde/wäärbe, schigge/bitte, aabe/baade, Stroosse/loose, mues/Buess, schlooffe/Oofe, schutte/Luppe, Sùnne/gsprùnge* usw. Weder Konsonanten noch Vokale stimmen in den folgenden Reimpaaren überein: *Drùppe/schutte, bisse/miese, pfuuse/dùsse.* Konsonanten

Überhaupt kein Endreim ist in folgendem, auch rhythmisch unmöglichen Verspaar erkennbar:
Graft und Courage, dòch das het me
in der Fyyrwèèr z Baasel graad wie z Mèttmestètte.

Es empfiehlt sich, wenigstens für den angehenden Zeedel- oder Schnitzelbankdichter, übungshalber Reimwortverzeichnisse anzulegen. Man nimmt z.B. das Stichwort *Wùnder;* alsbald stellen sich durch Klangassoziation ein: *Blùnder, drùnder, Hòlùnder, Stùnd er* usw. Oder *Reemer: jeemer, geemer* (gehen wir), *steemer* (stehen wir), *leemer* (lassen wir), *mee mer* (mehr wir) usw. Oder *Wand: Band, Hand, Rand, Sand, Tand, Land, Gwand, midenand* usw. Oder *makaaber: aaber, Araaber, Draaber, Faaber, Gnaab er* (Knabe er) usw. Reimwort-Übungen

Zur höheren Kultur des Reimens gehört sodann, dass man banale und schon allzu oft strapazierte Reimpaare tunlichst meidet (was ja auch im Bereich der seriösen Dichtung gilt – man denke an Herz/Schmerz). Bis zum Überdruss mussten wir in den letzten paar Jahren u.a. folgende Reimpaare über uns ergehen lassen: *dùùre/Schnùùre, ganze/Ranze, (nùnde)faane/aane, Mercedes/per pedes* und natürlich *Baasel/Gfaasel* (zum Glück kam dann endlich 1986 noch ein Herr *Faasel* von der Sandoz dazu!). Banale Reime

Ähnlich öde wirken die bloss um des Versfüllens und um des Reimes willen eingeschobenen, nichtssagenden Sätze – reine «Leersätze», wie: *S isch zuem Lache* (reimt sich so bequem auf *Sache, bache, grache* usw.), *daasch der Hit* (reimt sich so nett auf *hit* [heute], *nit, witt, Dritt, Bitt* usw.). Ins gleiche Kapitel gehört die Vertraulichkeit schaffen sollende Anrede des Publikums mit *Sii:* «Leersätze»
Gèschtert haan i aine dròffe –
Sii, dä hèt denn schrègglig gsòffe...

Oder:
Sii, hänn Sii au sone Gfyyl
wie Schwyzerhall und Tschernobyl...

Reimordnung

Was einst brillanter Einfall eines Bänklers war, ist nun zur wertlosen Scheidemünze geworden!

Um die verschiedenen Anordnungen der Reime im folgenden zu verdeutlichen, bezeichnen wir übereinstimmende Endreime jeweils mit dem gleichen Grossbuchstaben (A, B, C, D...).
Die Endreime werden zur Hauptsache paarweise oder kreuzweise verwendet.

Paarreim

Der Paarreim besteht in der unmittelbaren Aufeinanderfolge gleicher Endreime, z.B.:
Me duet e Frau dòch au nit blooge A
ùnd sii no irem Alter frooge A

Danach folgt das nächste Reimpaar, also BB, danach CC usw.

Kreuzreim

Der Kreuzreim erfordert nicht zwei, sondern vier Verse, angeordnet nach dem Schema ABAB, CDCD, EFEF usw., z.B.:
...vòr Gsètz, do syygen alli glyych, A
so stoot s in ùnserer Verfassig! B
Eb alt, eb jùng, eb aarm, eb ryych, A
eb wyss, eb schwaarz, eb anderschtrassig. B
Es gääb au wäder Maa no Frau! – C
Do maint e Bèppi: «Daasch nit schlächt, D
das gilt fir d Fyyrwèèrstyyren au!» C
Und z Lausanne gänn em d Richter rächt. D

Strophenbau

Es lassen sich ferner vier oder mehr Verse zu einer sogenannten Strophe zusammenfassen, wie dies beim Schnitzelbank ja ohnehin die Regel ist. Brauchbare Reimschemata sind u.a.

A	A	A	A	A	A
A	B	B	B	B	A
B	A	B	A	A	B
B	B	A	A	B	C
			B	C	C
				C	B

Der versarchitektonischen Phantasie sind keine Grenzen gesetzt. Auch ein jeder Strophe angehängter Refrain ist möglich, sofern er zur Pointierung des jeweiligen Stropheninhalts beiträgt.

Es dürfte nach all dem klar geworden sein, dass das Schnitzelbank-, Zeedel- und Laternenversfabrizieren kein leichtes Geschäft ist, jedenfalls keines, das man so nebenbei und obenhin erledigen kann. Auch wenn die Inspiration vorhanden ist, so muss man sich doch recht viel Zeit nehmen, um sie in elegante und flüssige Verse umzusetzen. Und dieses Zeitopfer wollen leider manche Fasnachtspoeten nicht erbringen. Sie geben sich schon mit einer ersten zufälligen Formulierung eines Gedankens zufrieden, anstatt das Rohmaterial zu walken, zu verarbeiten, zu veredeln.

Der Wortschatz

Grosser baseldeutscher Wortvorrat

Zur Erarbeitung guter Verse braucht man nebstdem ein gehöriges Arsenal von Wörtern und Wendungen. Auch hier darf man die Mühe nicht scheuen, jeweils das am besten passende Wort zu suchen, anstatt ein farbloses Allerweltswort hinzuschreiben, das einem gerade einfällt oder von der letzten Fernsehsendung her noch im Ohr ist. – In mehreren Zeedeln des Jahrgangs 1987 kam das ohnehin unmundartliche und damit auch unbaseldeutsche Tätigkeitswort «klaue» (stehlen) vor. Dabei hätte sich für die ehrenwerte Beschäftigung der Langfingerzunft mehr als ein Dutzend älterer und neuerer baseldeutscher Wörter angeboten: *abserwiere, abstaube, bùggse, filze, mause, mùgge, muuse, schnèlle, stääle, stybytze, stytze, stratze, stuuche, vertleene...*

Völlig Unbaseldeutsches

Unser Dialekt umfasst immerhin über 10'000 eigenständige Wörter; es ist also ein embarras de richesse vorhanden. Da haben wir Basler es doch nicht nötig, den Allerweltsjargon der Massenmedien zu plündern, der sich seinerseits aus dem Hochdeutschen, dem Englischen und den verschiedensten «fremden» Mundarten nährt. Aus diesem Jargon fand ich in Zeedeln und Bänken der Fasnacht 1987 Wörter und Wendungen wie: *Hit, hinterfrooge, in etwa, fyys, Stèllewäärt, ùffgstèllt, tschègge, Haxe, fyt, Fytnèss, bòschte, pisse, vermyyse, Myyf, Spass, hibsch, derbyy haa* (mit sich tragen), *drin liige* (Erfolg versprechen), *zùr Sau mache, entgeegne, d Affe dien mi luuse* usw.

Natürlich gibt es in unserer Alltags- und damit in der Fasnachtssprache noch eine grosse Menge weiterer unbaseldeutscher Wörter, an deren Statt gut baseldeutsche zur Verfügung stünden. Nur ein paar wenige Beispiele:

unbaseldeutsch	baseldeutsch
aazie (Kleider)	*aaleege*
Aazùùg	*Glaid, Gwändli*
glinge	*groote*
misslinge	*vergroote*
braale	*blagiere*
schlüürfe	*siirpfle*
Spaargle	*Spaarse*
gschnäll	*gschwind, schnäll*

Zur Schreibung des Dialekts

Über die richtige, alleinseligmachende Schreibung (Rechtschreibung oder Orthographie) des Dialekts entbrennen häufig, aber unnötigerweise heftige Diskussionen – wie das bei Nebensachen ja so gerne der Fall ist. Gegenüber der Formulierung ist die Rechtschreibung nun wirklich zweitrangig. Indessen, eine gewisse Ordnung ist dennoch von Nutzen.

Eine verpflichtende Norm in der Art von Dudens Rechtschreibelehre gibt es für die Mundart nicht. Drei Möglichkeiten bieten sich an:
1. enge Anlehnung an die schriftdeutsche Schreibweise;
2. willkürliche und stets wechselnde Schreibung;
3. lautgerechte Schreibung.
Die zweite Möglichkeit (Willkür) scheidet wohl im vorneherein aus; denn eine stets wechselnde Schreibung von gleichen Lauten im gleichen Text würde das Lesen sehr erschweren.

Problematische Anlehnung ans Schriftdeutsche

Die erste Möglichkeit (Anlehnung an das schriftdeutsche Wortbild) wurde zwar von den Dialektschriftstellern vom 19. Jahrhundert bis heute genutzt, sie hat aber ihre grossen Tücken. Versucht man nämlich beim Schreiben des Dialekts die schriftdeutsche Orthographie zu übernehmen, dann stolpert man häufig und landet schliesslich in einer Sackgasse, weil im Schriftdeutschen gleiche Laute oft ganz verschieden geschrieben werden und zudem die schriftdeutschen Laute gar nicht identisch mit den mundartlichen sind. Nehmen wir nur einmal den i-Laut. Langes, geschlossenes i kann im Schriftdeutschen auf dreierlei Weise geschrieben werden: Sch*ie*ne, M*i*ne, *ih*n; kurzes, offenes i hingegen nur auf eine Art: m*i*t, w*i*ssen. Beim Sprechen aber kennt die Schriftsprache nur zwei i-Laute, nämlich lang/geschlossen (z.B. in W*ie*se) und kurz/offen (z.B. in *i*st). Das Baseldeutsche dagegen hat vier verschiedene i-Laute, nämlich geschlossen lang und kurz sowie offen lang und kurz; z.B. geschlossen: *Byyse* (Bise) und *wyss,* offen: *Riis* (Riese) und *hitte* (heute). ie dürften wir ohnedies nicht als Längenbezeichnung übernehmen, da es im Dialekt einen Zwielaut bezeichnet: *mied, lieb.* – Wo kämen wir also mit der schriftdeutschen Schreibweise hin?!

Lautgetreue Schreibung

Bedenkt man solche Schwierigkeiten, dann wird man doch wohl am ehesten die dritte Möglichkeit ins Auge fassen, nämlich die Laute ohne Rücksicht auf den Duden einigermassen lautgerecht wiederzugeben. Diese Schreibart hat sich denn auch etwa seit dem Zweiten Weltkrieg in der ganzen deutschschweizerischen Mundartliteratur zu Recht immer stärker eingebürgert. Sie wurde übrigens 1938 vom Linguisten Eugen Dieth in einem kurzen Leitfaden erstmals propagiert und plausibel erläutert.

Hart-weich, lang-kurz

Seine Hauptregel lautet: Schreibe, wie du sprichst, also hart gesprochene Konsonanten hart, weich gesprochene weich, lange Vokale lang (das heisst doppelt), kurze Vokale kurz (das heisst einfach). Entsprechend den akustischen Gegebenheiten unterscheiden wir beim Schreiben z.B. *dùsse* (draussen) und *uuse* (hinaus), *root* und *bòtte* (geboten), *Baiz* (Wirtschaft) und *Batze, drògge* (trocken) und *Sòòrge* usw. Das im Schriftdeutschen verwendete Dehnungs-h lassen wir in der Dialektschreibung am besten beiseite und halten uns bei langen Silben konsequent an die Doppelschreibung des Vokals: *Baan* (Bahn), *Loon* (Lohn), *gsee* (sehen), *Biini* (Bühne), *Uur* (Uhr).

Offen-geschlossen

Wir kommen praktisch mit den Buchstaben des normalen Alphabets aus. Einzig fehlen uns dann Bezeichnungen zur Unterscheidung offener und geschlossener Vokale. Wir können uns folgendermassen behelfen:

Offener Vokal	Geschlossener Vokal
è: hèt (hat), *mèèr* (mehr)	*e: scheen* (schön), *gsee* (gesehen)
i: nit (nicht), *Biirgge* (Birke)	y: *nyt* (nichts), *fyyn* (fein)
ò: Bògg (Bock), *Sòòrg* (Sorge)	o: *Broot* (Brot)
ù: ùnd (und), *Bùùrg* (Burg)	u: *lut* (laut), *Huus* (Haus)

Für den «internen», also rein baslerischen Gebrauch können wir freilich auf die orthographische Unterscheidung von offenen *e, o*

und *u* verzichten, das heisst das Zeichen` weglassen. Wir schreiben dann alle e-Laute unterschiedslos mit *e/ee,* alle o-Laute mit *o/oo,* alle u-Laute mit *u/uu,* also z.B.
Geschtert han i scheeni Ree gsee.
Der Otti isch e groosse Flooner.
Dä Nudischt pfuust blutt am Uufer.

Wohl aber differenzieren wir zwischen offenem und geschlossenem i-Laut, weil uns für das offene *i* der Buchstabe *i,* für das geschlossene *i* der Buchstabe *y* zu Gebote steht, also:
Mit myne Lyt gang ych nit do yyne.

Weder Apostroph noch Bindestrich

Völlig überflüssig ist der früher allgemein übliche und heute zum Glück zurückgehende Gebrauch von Bindestrich (-) und Apostroph = Auslassungszeichen ('). Dennoch stiess ich in Zeedeln von 1987 auf wegen solcher «Zutaten» schwer leserliche Partien wie die folgende:
...het jeede-n-e-n-anderi Mainig,
me schimpft, schiebt d'Schuld de-n-andere-n-in d'Schue.

Man lässt also mit Vorteil Apostroph und Bindestrich weg und hängt das akustisch bindende *n* an das jeweils vordere Wort an, wohin es sprachgeschichtlich auch gehört. Die beiden soeben zitierten Zeilen sehen dann wie folgt aus:
...het jeeden en anderi Mainig,
me schimpft, schiebt d Schuld den anderen in d Schue.

Lautliche und grammatische Besonderheiten

Der Rahmen dieses Artikels erlaubt nicht, alle lautlichen Phänomene, Besonderheiten der Wortbeugung (Deklination und Konjugation) und des Satzbaus im Baseldeutschen zu schildern. Ich habe sie ausführlich dargestellt in der Baseldeutsch-Grammatik von 1976 – darin auch ein Anhang über die Schreibung des Dialekts – und im Baseldeutsch-Wörterbuch von 1984 (beide Christoph Merian Verlag Basel). Ich weise im folgenden lediglich auf ein paar wesentliche Punkte hin, die besondere Beachtung verdienen.

Entrundung

Eine recht alte und heute im Verschwinden begriffene lautliche Eigenheit des Baseldeutschen ist die sogenannte Entrundung, nämlich die Erscheinung, dass *ö* zu *e*, *ü* zu *y* oder *i*, *üe* zu *ie*, *äu* und *eu* zu *ai* oder *ei* geworden sind, dass also gesprochen wurde (und heute noch von einer Minderheit gesprochen wird): *Gètti, scheen, hitte, Diirgg* (Türke), *Lyt, nyyn, wiescht, nei* (neu), *Fraid, Baim.* – Mancher Fasnachtspoet, im Bemühen, ein möglichst «klassisches» Baseldeutsch zu schreiben, möchte diese Entrundung wieder erstehen lassen, auch wenn er sie im Alltag nicht mehr pflegt. Dann kann es ihm aber passieren, dass er sogenannte hyperkorrekte Lautungen produziert, die eher peinlich wirken, z.B. *Saibi* statt *Seibi, Gnai* statt *Gnei* (Knie), *nai* statt *nei* (neu), *Daifel* statt *Deifel* usw.

Man scheue sich daher keineswegs, gerundete Formen zu schreiben, falls man sie selbst spricht, also: *schöön, Götti, Lüt* usw. Vollkommen resistent hat sich übrigens die Entrundung bei allen Baslern im Zwielaut *ie* erhalten: *fiere* (führen), *grien* (grün), *Stiel* (Stühle) usw.

«Unerlaubte» Partizipien

Partizipien oder Mittelwörter, das heisst aus Tätigkeitswörtern gebildete Formen wie schriftdeutsch «arbeitend», «kochend», «geliebt» sind mundartfremd. Der Dialekt behilft sich anders:

ein arbeitender Mann	*e Maa, wo schafft*
kochendes Wasser	*kòchig Wasser* oder *Wasser, wo kòcht*
eine geliebte Tätigkeit	*èppis, wo me gäärn macht*
stehend trinke ich	*i dringg ständlige*

Beugung von Eigenschaftswörtern usw.

Grosse Schwierigkeiten bereitet häufig die Beugung des Eigenschaftswortes, des unbestimmten Zahlworts usw. Die paar folgenden Gegenüberstellungen mögen dies belegen:

unkorrekt (aus Zeedeln von 1987)	korrekt
e bees Bidrieger	*e beese Bidrieger*
in sym aifach Gmiet	*in sym aifache Gmiet*
e dùmms Kind	*e dùmm Kind*
das isch s Schlimme	*das isch s Schlimm*
s fimfte Jòòr	*s fimft Jòòr*
si sait allne wiescht	*si sait alle wiescht*
gwissni Lyt	*gwiisi Lyt*

Relativsatz

Relativsätze (Beziehungssätze) werden in gutem Baseldeutsch (wie auch in vielen anderen Dialekten) ausnahmslos mit *wo* eingeleitet, und zwar in allen grammatischen Fällen. Also:
Der Maa, wo yynekùnnt (der Mann, der/welcher hereinkommt)
D Männer, wo yynekèmme (die Männer, die/welche hereinkommen)
Der Maa, won i gsee haa (der Mann, den/welchen ich sah)
Dä Maa, won i mit em gjasst haa (der Mann, mit dem/welchem ich jasste)
Dä Maa, won i ùff en ùffbasst ha (der Mann, auf den/welchen ich aufpasste)

Konjunktionen

Unmundartliche nebensatzeinleitende Konjunktionen (Bindewörter) sind in vielen Zeedeln an der Tagesordnung; sie sollten eigentlich verschwinden.

unkorrekt	korrekt
òbschò	*dròtzdäm*
als, nodäm	*wo*
demit, dermit (damit)	*fir dass, dass*
wääred	*derwyyl*
doo (da, weil)	*wil*

Unbaseldeutsche Lautung

Zum Schluss dieses Abschnittes noch ein paar Beispiele für in Schnitzelbänken und Zeedeln sehr häufig vorkommende unbaseldeutsch gefärbte Laute, vor allem im Bereich von *e* und *ä*:

unkorrekt	korrekt
draime (träumen)	*draume*
gääne (gähnen)	*gaine*
geel (gelb)	*gääl*
Jääger	*Jeeger*
Cheeschüechli	*Kääskiechli*
mälgge (melken), *gmòlgge*	*mälche, gmùlche*
miesse (müssen), *er muess*	*miese, er mues*
nee (nehmen)	*nää*
Neeger	*Nääger*
Raim (Reim)	*Ryym*
schweer	*schwäär*
Streel (Kamm)	*Strääl*

Die Hochschätzung des Baseldeutschen

Es ist ungemein erfreulich, dass die meisten Fasnachtspoeten danach trachten, ein möglichst «gutes», «klassisches» oder «richtiges» Baseldeutsch zu schreiben bzw. als Schnitzelbänkler vorzutragen. Sie leisten damit der Erhaltung unserer von allen möglichen Einflüssen bedrängten Stadtsprache einen unschätzbaren Dienst. Ich wage die Behauptung, dass ohne die Fasnacht die Verwässerung des Baseldeutschen viel weiter vorgeschritten wäre. Dennoch wird, wie wir gesehen haben, trotz allem guten Willen die Mundart oft ungeschickt und fehlerhaft gehandhabt. Bis zu einem gewissen Grad sind die Mängel freilich behebbar, vor allem dadurch, dass sich der Fasnachtspoet *bewusst* um die Sprache kümmert, dass er sich – selbstkritisch – nicht gleich mit der ersten Niederschrift zufriedengibt, sondern die Wortwahl, die Reime, den Rhythmus, den Satzbau sorgfältig überprüft und unermüdlich feilt und feilt.

Hilfsmittel

Es fällt ihm auch kein Stein aus der Krone, wenn er gute poetische Vorbilder studiert und beispielsweise die gesammelten Werke eines Blasius zur Hand nimmt (Der Baasler und sy Wält, Friedrich Reinhardt Verlag, Basel 1986) oder wenn er sich anhand der Baseldeutsch-Grammatik und des Baseldeutsch-Wörterbuchs über Sprachstruktur, Wortschatz und Schreibung informiert. Seinen Wortschatz aber kann er erweitern, wenn er möglichst viele Baseldeutsch-«Klassiker» liest, z.B. Theobald Baerwart, Blasius, Fritz Liebrich, Dominik Müller u.a.m.
Freilich, auch die perfekteste Handhabung des Baseldeutschen garantiert noch keinen guten Schnitzelbank und noch keinen guten Zeedel oder Laternenspruch; aber sie ist eine wichtige Voraussetzung dafür. Letztlich kommt es auf Witz, Geist und Phantasie an. Und diese kann auch eine bessere Anleitung als die vorliegende nicht liefern – der Poet hat sie oder er hat sie nicht!